AF566895

José Alejandro Torres

Refranero del Quijote

José Alejandro Torres

Refranero del Quijote

Refranero del Quijote

Quarzo

D.R. © Editorial Lectorum, S.A. de C.V., 2004
Centeno 79, Col. Granjas Esmeralda
C.P. 09810, México, D.F.
Tel.: 55 81 32 02
www.lectorum.com.mx
ventas@lectorum.com.mx

L.D. Books
8313 NW 68 Street
Miami, Florida, 33166
Tel. (305) 406 22 92 / 93
ldbooks@bellsouth.net

Primera edición: febrero de 2005
Primera reimpresión: diciembre de 2005
ISBN: 970-732-091-5

Impreso y encuadernado en México.
Printed and bound in Mexico.

PRÓLOGO

No sé decir razón sin refrán
ni refrán sin razón
Sancho Panza

Hace cuatrocientos años un hombre llamado Juan de la Cuesta imprimía en sus talleres la primera parte de *El ingenioso hidalgo don Quijote de la Mancha*. Su autor, un veterano del ejército, era poco valorado por los críticos de la época; sin embargo, su obra cumbre, con el paso del tiempo, sería publicada y traducida casi tantas veces como la Biblia.

Desde su aparición, el *Quijote* ha motivado múltiples ensayos, artículos, comentarios, tesis y demás. Por supuesto, también ha generado controversias, ya que mientras algunos la encumbran como la mayor novela de todos los tiempos, otros la consideran producto de la improvisación y el descuido. La desgracia de estas disputas es la superflua atención que se ha puesto al refranero del *Quijote*.

No se ha establecido el número aproximado de aforismos, proverbios, máximas, dichos y refranes incluidos en la obra, pues hay varias discrepancias entre los especialistas. Uno de ellos, Fernando Lázaro Carreter, dice que los primeros refranes del *Quijote* son pronunciados tanto por un mercader que no tiene mayores alcances en la narración como por el mismo Cervantes. Si hiciéramos caso al fallecido académico, entonces "Cada uno es hijo de sus obras", mencionado en el capítulo IV por el protagonista, saldría de los estatus establecidos. Siendo meticulosos (aunque es una cualidad chocante, ya lo dice un personaje de la obra: "La prolijidad suele engendrar el fastidio"), el primer refrán aparece en el prólogo redactado por Cervantes. Y no es, como sugiere Vicente Gaos: "Debajo de mi manto, al rey mato". Proponemos, con modestia pero con firmeza, que "Cada cosa engendra a su semejante" debe contarse antes de aquél. Claro, debido a que el presente refranero está dirigido al público en general, evitamos excesos (pues no faltará quien note el proverbio en el emblema del editor: *Post tenebras spero lucem* [después de las tinieblas espero la luz], ya que sería el colmo de la minuciosidad).

Se ha definido, eso sí, la utilidad que dio Cervantes al refranero. La primera y más obvia: la emulación de obras cumbres desde aquellos tiempos, como el *Lazarillo de Tormes* y *La Celestina*; la segunda, mucho más técnica: para delinear el carácter de Sancho. Éste, desde luego, no es quien se encarga de todos los refranes, pues lo mismo aparecen en boca del narrador que en don Quijote o en personajes ambientales; pero es en voz de Sancho donde, y a pesar del mal uso que suele darles, mejor cuadran. Y es que éste ha representado, a través de los siglos, el arquetipo del hombre arribista, ignorante, codicioso, hipócrita y convenenciero. No por nada se erige como candidato ideal al gobierno de la ínsula Barataria.

Cervantes es un recolector de la sabiduría popular, pero no se queda allí. En el *Quijote* encontramos un sinnúmero de frases que bien podrían incluirse en los refraneros de la actualidad. Ya sea a través de consejos a Sancho Panza o en extenuantes discursos, el caballero andante aporta su granito de arena al enorme acervo de la paremiología (estudio de los refranes) hispánica.

Comprendemos que la mayoría de lectores quizá tenga una idea vaga del *Quijote*, o bien haya leído compilaciones o capítulos por separado. Debido a esto ofrecemos un resumen, utilizando como pretexto la explicación de los refranes. Así, guiamos al lector entre más de mil páginas que componen las aventuras del Caballero de la Triste Figura y su escudero. Sólo esperamos que nuestra forma de relatar los ingeniosos hechos del Quijote no sea un agravio para Cervantes ni un laberinto para el lector.

Cada uno es hijo de sus obras
Don Quijote cree, como el refrán, que el destino de los hombres está ligado a la calidad de sus actos. Lo aplica en favor de Juan Haldudo, personaje que golpea a un joven criado. Según don Quijote, si Haldudo respeta al muchacho podrá aspirar al título de caballero.

Por el hilo se sacará el ovillo (madeja de hilo)
Es decir que con un simple rasgo o característica se puede determinar la naturaleza de algo o alguien.

En seguida, don Quijote se encuentra con unos mercaderes. Es su deseo que todos afirmen que Dulcinea del Toboso es la mujer más hermosa. Uno de ellos lanza el refrán para solicitarle al caballero andante el retrato de la dama, así podrá deducirse su belleza. Aunque el personaje admite que, si resulta tuerta o deforme, de cualquier forma le dará gusto al caballero andante.

Tras la cruz está el diablo
Ofendido, don Quijote reta al mercader y anima a su caballo, Rocinante, para embestirlo, pero sufre una caída accidental. Por si fuera poco, otro miembro de la procesión se acerca para golpearlo. Derrotado y maltrecho, don Quijote tiene la suerte de encontrarse con un conocido que lo lleva hasta su hacienda para que se recupere. Mientras tanto, el cura y el barbero de aquel lugar de la Mancha se dedican a quemar los libros que dañaron la mente del protagonista, esperando que desaparezca su locura. De pronto encuentran *El caballero de la cruz* y lo arrojan al fuego. El cura utiliza este refrán para aseverar que detrás de la santidad aparente se esconde el mal.

Pagan justos por pecadores
Cuando alguien recibe un castigo que no merecía.

Dice Cervantes acerca de los libros que fueron quemados, sin distinción, por el cura y el barbero.

Muchos van por lana y vuelven trasquilados
Con este refrán, la sobrina reprende a don Quijote, quien amenaza realizar una nueva salida. Se dedica a las personas que van en busca de fortuna o aventuras y regresan a su casa con las manos vacías.

A la mano de Dios
Expresión que servía para aceptar la voluntad de Dios.

No hay quien detenga a don Quijote en sus locuras. Una vez recuperado, charla con un vecino suyo, labrador y "hombre de bien" (si es que ese título se le puede dar al que es pobre) y tras largas promesas lo convence para que le sirva de escudero. Así, aparece Sancho Panza en el relato. Pronto se desata la primera aventura entre ambos, cuando el caballero divisa treinta o cuarenta molinos de viento que en su imaginación son gigantes malévolos. Don Quijote ataca a los molinos y tanto él como su lanza resultan maltrechos. Pero su espíritu no ha sido derrotado ya que promete a Sancho hacer de cualquier tronco una nueva lanza, como el héroe hispano que, por haber aplastado a decenas de moros, fue apodado Machuca. Entonces:

"—**A la mano de Dios** —dijo Sancho—, yo lo creo así como vuestra merced lo dice; pero enderécese un poco; que parece que va de medio lado, y debe ser del molimiento de la caída."

Llevar el gato al agua
Significa conseguir lo que uno se propone.

Después de su desgraciada aventura con los molinos de viento, don Quijote se encuentra con una procesión la cual, a su parecer, es de algunos encantadores que han raptado a la princesa de un reino imaginario. Cuando está a punto de atacarlos, se le enfrenta un personaje originario de Vizcaya que acepta el reto de don Quijote utilizando este refrán. En el original aparece con una variante:

"—¿Yo no, caballero? Juro a Dios tan mientes como cristiano. Si lanza ar[r]ojas y espada sacas, **¡el agua cuán presto verás que al gato llevas**! Vizcaíno por tierra, hidalgo por mar, hidalgo por el diablo; y mientes que mira si otra dices cosa."

Ahora lo veredes, dijo Agrajes
Utiliza esta frase don Quijote como advertencia a su enemigo. Al fin, triunfa el caballero contra un oponente y, aunque no resulta ileso, su orgullo se ha incrementado.

A quien se humilla Dios le ensalza
Recomienda humildad. Es un proverbio bíblico (Lucas XIV, II).

Después de su victoria, amo y escudero se encuentran con un grupo de cabreros que los invitan a comer. Don Quijote agradece las atenciones y pide a Sancho que ante la mesa se comporte con buenos modales. Pero éste no es adepto a las cortesías y prefiere comer pan y cebollas a sus anchas. Don Quijote lo amonesta con el proverbio y lo sienta a su lado.

Vive más sarna que Sarra (Sara)
Es decir que los males duran más de lo imaginado.

Sara, esposa de Abraham, vivió 127 años, según los datos de la Biblia.

Uno de los cabreros cuenta la desgraciada historia

de Crisóstomo, quien se ha dado muerte por la hermosa Marcela. Durante su relato, comete un sinfín de errores gramaticales, los cuales son corregidos por don Quijote. Uno en especial, surge cuando el cabrero está apunto de contar la historia de Marcela, pues dice:

"Y quiéroos decir agora, porque es bien que lo sepáis, quién es esta rapaza: quizá, y aún sin quizá, no habréis oído semejante cosa en todos los días de vuestra vida, aunque viváis más años que **Sarna**.

—Decid Sarra —replicó Quijote, no pudiendo sufrir el trocar de vocablos del cabrero.

—Harto vive la sarna —respondió el cabrero—; y si es, señor, que me habéis de andar zahiriendo a cada paso de vocablos, no acabaremos en un año.

—Perdonad amigo —dijo don Quijote—; que por haber tanta diferencia de sarna a Sarra os lo dije; pero vos respondisteis bien**, porque vive más sarna que Sarra**..."

Una golondrina sola no hace verano

Al siguiente día, don Quijote asiste, acompañado por los cabreros, al entierro de Grisóstomo. En breve, se encuentran con un desconocido quien sustenta que no todos los caballeros andantes han hecho sus hazañas por amor (como fue el caso de Galaor, hijo de Amadís). Don Quijote responde con el refrán que seleccionamos, pues un solo caso no puede tomarse como generalidad.

Todo lo hermoso es amable

La belleza, el bien y la verdad eran conceptos indisolubles en la antigua filosofía griega.

Mientras se realizan los funerales de Crisóstomo, aparece Marcela, quien es odiada por los compañeros del fallecido. La joven, por medio de un discurso, defiende su inocencia. Aclara que Dios ha creado mujeres bellas que, supuestamente, deben ser buenas, pero esto no significa que deban corresponder a las peticiones de todos.

Quien a nadie quiere, a ninguno debe dar celos. Los desengaños no se han de tomar en cuenta de desdenes

Son otros argumentos de Marcela quien, alguna vez, advirtió a Crisóstomo que jamás se fijaría en un hombre. Por ende el muchacho no debió sentirse desilusionado. Como era de esperarse, el discurso conmueve a los presentes, en especial a don Quijote.

La alabanza propia envilece

En la siguiente parada de don Quijote, Rocinante divisa una manada de yeguas y se les acerca con malas intenciones. Los dueños de los animales reprenden al caballo; hecho que el caballero andante toma como una verdadera afrenta, pero fracasa en su ataque y busca dónde recuperarse. Para su fortuna llega a una venta con su compañero Sancho y recibe buenos tratos de las sirvientas, quienes indagan su origen. Don

Quijote utiliza el refrán puesto que cualquier descripción que haga de su oficio o persona podría interpretarse como una vanidad, por lo tanto encarga esa tarea a su escudero.

El gato al ratón, el ratón a la cuerda, la cuerda al palo...

Como el cuento de nunca acabar, donde todos los elementos se encadenan.

Maritornes, una joven criada que atiende las heridas de Sancho y don Quijote, es el centro de una confusión. Resulta que ha citado a su amante para verse en la noche dentro del establo, sólo que en ese lugar descansan don Quijote y su escudero. El caballero andante sospecha que Maritornes asiste al lugar para seducirlo, así es que la toma por sorpresa y le advierte que jamás traicionará a Dulcinea. El arriero, que se hallaba escondido, se entera de la discusión y de un golpe derriba a don Quijote. Debido al barullo, el ventero acude al establo para averiguar lo que pasa. Sancho, al mismo tiempo, despierta y, entre la confusión y la oscuridad del sitio, golpea a la joven. Entonces se desata una riña sin ton ni son en la cual el arriero golpea a Sancho, éste a Maritornes y ella al ventero, así como la frase que pertenece a una canción antigua.

Como perro por carnestolendas

En la antigua España se acostumbraba, durante los carnavales (carnestolendas), torturar a perros y gatos para divertimento del público. En el mejor de los casos se les disfrazaba, pero era muy común que les atasen las colas a las de otros animales.

Debido a que don Quijote y su escudero no tienen un solo centavo con que pagar su estancia en la venta (pues en los libros nunca se aclara que los caballeros carguen efectivo) un grupo de cirqueros, que se alojaban en ese lugar, deciden darle su merecido tomando como chivo expiatorio a Sancho Panza. Así lo describe el autor:

"...se llegaron a Sancho, y apeándole del asno, uno dellos entró por la manta de la cama del huésped y, echándole en ella, alzaron los ojos y vieron que el techo era más bajo de lo que habían menester para su obra, y determinaron salirse al corral, que tenía por límite el cielo; y allí, puesto Sancho en mitad de la manta, comenzaron a levantarle en alto, y a holgarse con él, **como con perro por carnestolendas**."

Andar de la Ceca a la Meca y de zoca a colodra

La Ceca es la mezquita de Córdoba, y la Meca es la conocida ciudad donde emigró Mahoma. Zoca significa zapato de madera (es una variante de zueco) y la colodra es la vasija donde se hecha el vino. El refrán quiere decir: andar de un lado para otro sin provecho alguno.

Es uno de los argumentos que Sancho, después de la zarandeada, utiliza contra don Quijote. El escudero acepta su cobardía y pretende regresar al lugar de la Mancha para no andar por los caminos inútilmente, como dice el refrán.

La boca sin muelas es como un molino sin piedras. Más se ha de estimar un diente que un diamante

Más adelante don Quijote divisa una polvareda. En su imaginación se trata de un ejército que se enfila contra otro. La realidad es que la polvareda es causada por una manada de ovejas y carneros. Don Quijote quiere participar en la batalla, por lo cual intercepta al ganado, no obstante las advertencias de su escudero. Los guardianes apedrean al intruso hasta que lo derriban. Muy maltrecho, don Quijote bebe un licor curativo que supuestamente es el bálsamo de los caballeros. En cuanto llega a socorrerle Sancho, le solicita que revise cuántas muelas ha perdido. Pero he aquí que el bálsamo ha surtido efectos vomitivos y don Quijote descarga su estómago en la cara del escudero. Éste hace lo mismo en contra de su amo. Por fin, Sancho le da cuenta de las piezas dentales que ha perdido, y el caballero se lamenta con la frases citadas.

Habiendo durado mucho el mal, el bien está ya cerca

Don Quijote advierte, por medio del refrán, que todas sus desgracias son la víspera de una época de triunfos y recompensas.

Nunca la lanza embotó la pluma, ni la pluma la lanza

Porque las letras y el oficio militar no están peleados. Para colmo de males, Sancho ha perdido las alforjas donde cargaba el alimento. Don Quijote, con su acostumbrado optimismo, asegura, a través de un discurso impecable, que Dios no los abandonará mientras continúen por la senda del bien. Sancho, impresionado por las palabras, le dice a su amo que mejor serviría como predicador que de caballero andante. Éste se ensalza con la frase, afirmando que varios colegas fueron distinguidos por su erudición.

El muerto a la sepultura y el vivo a la hogaza
Hogaza (pan de trigo). Recomienda disfrutar los placeres de la vida.

Es uno de los consejos que continuamente da Sancho a su amo para que se deje de aventuras peligrosas y regrese a casa.

Quien busca el peligro, perece en él
Don Quijote y su escudero hacen una parada en el campo. Al escuchar ciertos ruidos, el caballero supone que se encuentra al borde de una hazaña, pero el temeroso Sancho no está dispuesto a seguirle y cita el refrán para disuadirlo.

El bien que viniere para todos sea, y el mal para quien lo fuere a buscar
Notando que su amo decide marcharse en busca de andanzas, Sancho amarra las patas a Rocinante. Don Quijote, ante la inmovilidad de su caballo, obedece al escudero quien le recomienda esperar el próximo día. Mientras amanece, Sancho quiere entretenerlo con una historia sin pies ni cabeza mediante la cual reco-

mienda, como la frase, ser pasivos para no caer en la desgracia.

Quien te quiere bien te hará llorar
Porque, supuestamente, quien nos aprecia nos maltrata.

Después de pasar la noche, amo y escudero descubren que una máquina de hilar era lo que producía el extraño ruido. Hecho que desata la risa de Sancho y la reprimenda de don Quijote. Panza acepta el castigo con el refrán citado.

No hay refrán que no sea verdadero
Porque lo que dice suele cumplirse.

La experiencia es madre de la ciencia
Porque la práctica vale más que la teoría.

Donde una puerta se cierra, otra se abre
A veces, tras una época de infortunios, llega otra mejor.

Al terminar la estancia en el campo, don Quijote y su escudero retoman el camino. El caballero descubre a un sujeto que lleva en la cabeza una bacía de barbero (recipiente que contenía el agua para afeitar). En la imaginación de don Quijote la bacía es el mágico yelmo de Mambrino. El caballero cita los refranes pues su esperanza de una nueva aventura es grande.

Más vale algo que nada
Don Quijote ataca al pobre barbero quien huye sin oponer resistencia y sin reparar en su bacía. Pronuncia el refrán don Quijote, resignándose a las malas condiciones en que encuentra el mentado yelmo de Mambrino.

No pidas de grado lo que puedas tomar por fuerza
Es decir que más vale ser ventajoso que noble.

Más vale salto de mata que ruego de hombres buenos
Porque es mejor huir que confiar en la intervención de otros.

Sancho le propone a su amo buscar un rey o emperador a quien servir. Esta idea causa revuelcos en la torcida mente de don Quijote, quien ya se imagina, rodeado de fama y fortuna, al servicio de un rey. Por supuesto, no descarta la posibilidad de que el monarca le niegue la mano de su hija, decisión que no importaría demasiado pues sería capaz de raptarla. Sancho lo secunda con este par de refranes.

Quien canta sus males espanta
Porque con el entretenimiento se olvidan las penas.

En busca de aventuras, don Quijote y su escudero se encuentran con un cortejo de delincuentes (galeotes) que son llevados a las mazmorras. Interesado, don

Quijote decide platicar con algunos. Ingenioso (así se llamaba el rey que poseía tal yelmo; su derrota a manos de Reinaldo se cuenta en el *Orlando Enamorado*), uno de ellos, le responde que va a la cárcel por músico y cantor. En el original aparece el siguiente diálogo:

"—Pues, ¿cómo —repitió don Quijote—, por músicos y cantores van también a galeras?

—Sí, señor —respondió el galeote—, que no hay peor cosa que cantar en el ansia.

—Antes, he yo oído decir —dijo don Quijote— que **quien canta sus males espanta**.

—Acá es al revés —dijo el galeote—, que quien canta una vez, llora toda la vida."

En realidad el preso se burla de don Quijote, pues "cantar en el ansia" quiere decir: confesar bajo tormento. Ansia, en la antigua Germania, significaba agua. Esa tortura en especial consistía en extender, sobre la cara del reo atado al potro, un paño que tapaba su nariz. Acto seguido, se le obligaba a tomar el líquido hasta que reventase.

Tantas letras tiene un no como un sí
Uno de los guardias explica que los confesores son una especie menospreciada entre los delincuentes. Porque, como dice el refrán, lo mismo les costaba negar que afirmar.

Siempre las desdichas persiguen al buen ingenio
Parecido a **A los árboles más fuertes es a los que con**

más furia les sopla el viento. Don Quijote sigue conversando con algunos presos y se encuentra con Ginés de Pasamonte, quien es todo un experto en el engaño. El delincuente dice escribir un libro con todas sus aventuras, y utiliza el refrán para indicar que las personas con talento son susceptibles a las desgracias.

Buscar tres pies al gato
En realidad era "buscarle cinco pies al gato" ya que, según la historia, había un embustero el cual insistía que la cola del felino era su quinta pata.

Don Quijote, conmovido por las historias de los presos, exige a los guardias su libertad. El comisario recomienda al caballero andante que siga su camino, aplicando este refrán en el sentido de que no busque problemas.

Volver a las ollas de Egipto
Regresar al cautiverio.

Pedir peras al olmo
Pedir lo imposible. Don Quijote desacata las órdenes del comisario y libera a los cautivos. El Caballero de la Triste Figura supone que los delincuentes agradecerán su libertad y por ello les solicita que viajen junto a él para encontrarse con Dulcinea y afirmar que es la más hermosa del mundo. Pero Ginés aclara la naturaleza de los ladrones en el siguiente extracto:

"—Lo que vuestra merced nos manda, señor y libertador nuestro, es imposible de toda imposibilidad cumplirlo, porque no podemos ir juntos por los caminos, sino solos y divididos, y cada uno por su parte, procurando meterse en las entrañas de la tierra, por no ser hallado de la Santa Hermandad, que, sin duda alguna, ha de salir en nuestra busca. Lo que vuestra merced puede hacer, y es justo que haga, es mudar ese servicio y montazgo de la señora Dulcinea del Toboso en alguna cantidad de avemarías y credos, que nosotros diremos por la intención de vuestra merced; y ésta es cosa que se podrá cumplir de noche y de día, huyendo o reposando, en paz o en guerra; pero pensar que hemos de **volver ahora a las ollas de Egipto**, digo, a tomar nuestra cadena y a ponernos en camino del Toboso, es pensar que es ahora de noche, que aún no son las diez del día, y es pedir a nosotros eso **como pedir peras al olmo**."

El hacer bien a villanos es como echar agua en el mar
Con este refrán don Quijote se lamenta por haber liberado a los delincuentes. El caballero sufre un desencanto muy grande, y es consolado por su fiel escudero. Juntos, se dirigen a la Sierra Morena donde pasan la noche. Al siguiente día, muy temprano, don Quijote se encuentra con una maleta que contiene ropas, una bolsa con dinero y un diario. Mientras Sancho se apropia de los bienes materiales, el caballero lee el diario y se entera de una desgracia amorosa. Poco después se encuentra con un cabrero, quien le da los

pormenores: la maleta es propiedad de Cardenio, un joven rico que ha perdido la razón y que vaga por la Sierra Morena. Don Quijote y Sancho tienen la oportunidad de encontrarse con el penitente, quien cuenta su desdichada historia: Fernando, su mejor amigo, lo ha traicionado quitándole a su novia, Luscinda. Cardenio se enteró del engaño y, oculto, testificó las bodas de su amada quien le había prometido decir no en la hora decisiva. Todo fue en vano, Luscinda aceptó y Cardenio no soportó la afrenta, por lo cual perdió la cordura. Al terminar su relato, el penitente lanza un comentario en contra de la reina Madásima; hecho que enfurece a don Quijote.

Con su pan se lo coman
Como decir: "Allá ellos."

Poner puertas al campo
Poner límites a la libertad.

Desnudo nací, desnudo me halló: ni pierdo ni gano
Es una sentencia bíblica: *Nudus egressus sum de utero matris meae, et nudus revertar illuc* (Job I, 21). Recomienda resignarnos a nuestra condición.

Digan, que de Dios dijeron
Proverbio que condena la murmuración.

Es muy desconcertante que don Quijote se haya ofendido por que Cardenio difamara a Madásima (personaje del *Amadís de Gaula*, la cual nunca fue reina. Seguramente la confundió con la infanta Grasinda). Sea como fuese hubo una trifulca con Cardenio, en la que don Quijote y Sancho resultaron perdedores. El escudero, además de solicitar permiso para regresar a casa, le ruega a su amo mayor prudencia ya que es absurdo pelear por un personaje ficticio. Don Quijote, claro, sostiene que aunque sea un loco quien la insulte, la reina Madásima merece respeto. Ya desesperado, Sancho responde con un discurso en el cual varios de los refranes no vienen muy al caso.

Quien está ausente todos los males tiene y teme
Lejos de una persona querida, los males son mayores.

Inspirado por la desgracia amorosa de Cardenio, don Quijote está convencido que debe correr la misma suerte, ya que en los libros de caballerías sobran las penitencias por amor. Y la mejor forma de hacerlo es fingiéndose loco por su Dulcinea. Así es que su deseo es desnudarse, golpearse contra las peñas y sufrir a más no poder. Sancho, confundido, pregunta a su amo cómo puede caer en desgracia si nunca ha sido engañado por Dulcinea, por lo cual don Quijote contesta con el refrán en cuestión.

El hacer una cosa por otra, lo mismo es que mentir
Porque es un engaño.

Sancho intenta persuadir a su amo de que la penitencia no sea tan extremosa o sea fingida. Pero, para el Caballero de la Triste Figura, ninguna tarea debe evadirse, por muy penosa que resulte.

No hables de la soga en la casa del ahorcado

Porque es de mal gusto mencionar las debilidades o vicios de una persona en su presencia.

Es el deseo de don Quijote mandar una carta a Dulcinea del Toboso donde ofrece los pormenores de su penitencia. Antes de escribirla da una verdadera cátedra a Sancho acerca de las doncellas que han inspirado múltiples hazañas. El escudero acepta su ignorancia con el siguiente discurso:

"—Digo que en todo tiene vuestra merced razón —respondió Sancho—, y que yo soy un asno. Mas no sé yo para qué nombro asno en mi boca, pues **no se ha de mentar la soga en casa del ahorcado....**"

Luego redactó la carta don Quijote, pero jamás se la entregó a Sancho. Antes de retirarse, el escudero observa cómo su amo hace múltiples locuras y se queda en cueros.

Sancho viaja hacia el lugar de la Mancha, pero en el camino es interceptado por el cura y el barbero. Ambos le preguntan por don Quijote. Al principio, el escudero se niega a revelarles el sitio donde su amo cumple la penitencia, pero poco a poco es convencido. El deseo del cura y el barbero es traer de vuelta a don Quijote, por lo que hacen un plan: se disfrazarán de doncella y escudero, respectivamente, y solicitarán ayuda para vengar una afrenta. Sancho los guía adonde está su amo. Ya en la Sierra Morena, se encuentran con Cardenio y con Dorotea quien —vaya casualidad— es una doncella deshonrada por Fernando. Cardenio sabe que Dorotea es una esperanza para volver con Luscinda, ya que si fuerza a Fernando a que remiende su pecado tendrá el camino libre para reclamar a su amada. Pero antes, el cura y el barbero replantean su plan ya que Dorotea puede ser la dama que pida a don Quijote ayuda, así que la disfrazan de la reina Micomicona.

En la tardanza suele estar el peligro
Recomienda no postergar lo que podemos hacer pronto.

Dorotea acude a don Quijote para pedirle que termine con la penitencia y emprenda la aventura que le ofrece. El caballero acepta encantado, por medio del refrán.

Los trabajos continuos y extraordinarios quitan la memoria a quien los padece
Dice Dorotea después de contar su trágica historia, en la cual ha omitido ciertos detalles.

Cosa pasada es cosa juzgada
Así se adelanta don Quijote a los resultados de su aventura en el reino Micomicón. El refrán se utiliza para dar por hecho que una empresa será consumada.

Tantas veces va el cantarillo a la fuente que al final se rompe

Ante las recompensas que ofrece la princesa Micomicona, el entusiasmo de Sancho Panza crece. Una y otra vez insiste a su amo que debe casarse con ella, pues además de conseguir el reino Micomicón, tendrá una mujer más hermosa que Dulcinea. Enfadado, don Quijote descarga algunos golpes contra su escudero y le reprende, con el refrán, para que deje de colmar su paciencia.

A pecado nuevo, penitencia nueva

Porque cada problema requiere una solución distinta. Sancho se disculpa con su amo por todas las tonterías que ha dicho, pero le pide que no sea tan brusco en sus reprimendas. El escudero cree que los últimos golpes fueron un extra a los que recibió en el campo. Por lo que don Quijote aclara:

"—No tornes a esas pláticas, Sancho, por tu vida —dijo don Quijote—, que me dan pesadumbre; ya te perdoné entonces, y bien sabes lo que suele decirse: **A pecado nuevo, penitencia nueva**."

Un diablo se parece a otro

Don Quijote pide cuentas a Sancho acerca de su entrevista con Dulcinea (trabajo que nunca realizó por haberse encontrado con el cura y el barbero). Panza se ve obligado a mentir, ante el temor de una nueva golpiza. Entonces pregunta el caballero:

"—Pues ¡es verdad —replicó don Quijote— que no acompaña esa grandeza y la adorna con mil millones y gracias del alma! Pero no me negarás, Sancho, una cosa: cuando llegaste junto a ella, ¿no sentiste un olor sabeo, una fragancia aromática, y un no sé qué de bueno, que yo no acierto a dalle nombre? Digo, ¿un tuho o tufo como si estuvieras en la tienda de algún curioso guantero?

—Lo que sé decir —dijo Sancho— es que sentí un olorcillo algo hombruno; y debía de ser que ella, con el mucho ejercicio, estaba sudada y algo correosa.

—No sería eso —respondió don Quijote—, sino que tú debías de estar romadizado, o te debiste de oler a ti mismo; porque yo sé bien a lo que huele aquella rosa entre espinas, aquel lirio del campo, aquel ámbar desleído.

—Todo puede ser —respondió Sancho—, que muchas veces sale de mí aquel olor que entonces me pareció que salía de su merced de la señora Dulcinea; pero no hay de qué maravillarse, que **un diablo se parece a otro.**"

Y en ese aspecto no mentía demasiado Sancho Panza pues Dulcinea o Aldonza Lorenzo (nombre que se le daba en la Edad Media a las mujeres poco femeninas o no dulces [*Na dolzas*]) era una jovencita de la Mancha que entre otras labores, salaba carne de puercos y limpiaba el trigo.

Buenas son mangas (propinas) **después de Pascua**
Cualquier regalo es bueno, por pequeño que sea.

Sigue don Quijote con sus preguntas. En esta ocasión, indaga si Dulcinea no le obsequió una joya por llevarle la carta. Sancho, experto en mentiras, afirma que sólo recibió un pedazo de queso y pan. Don Quijote finaliza con el dicho, pues al fin y al cabo Dulcinea se mostró generosa.

Más vale pájaro en mano que cien volando
Porque no vale arriesgar lo poco que se tiene.

Quien bien tiene y mal escoge, por mal que le venga no se enoje
Lo utiliza Sancho cuando insiste en que don Quijote se case, por conveniencia, con la princesa Micomicona. Nótense las graciosas variaciones:

"Y advierta que ya tengo edad para dar consejos, y que este que le doy le viene de molde, y que **más vale pájaro en mano que buitre volando porque quien bien tiene y mal escoge, por bien que se enoja no se venga.**"

A otro perro con ese hueso
Una vez aceptado el reto, don Quijote, Sancho, el cura, el barbero, Cardenio y Dorotea viajan hacia el reino Micomicón (que no es otro que la hacienda de Alonso Quijano). Como es largo el camino deciden hospedarse en la venta donde Sancho fue reprendido por los cirqueros. Mientras don Quijote duerme, sus

acompañantes y el ventero discuten acerca de los libros de caballería. Así, se revela que el ventero cree ciegamente en esas obras, pero el cura le hace ver que son puras mentiras. Su intervención es inútil, pues el ventero, a través del dicho, demuestra su incredulidad.

El que busca lo imposible, es justo que lo posible se le niegue

Después de la discusión deciden distraerse con la lectura de una pequeña novela titulada *El curioso impertinente*. Es la historia de Anselmo quien desea poner a prueba a su esposa. Para ello le solicita a su mejor amigo, Lotario, que la corteje. Éste, por supuesto, se niega pero ante la obsesión del otro decide aceptar y cumple la penosa empresa. En este punto de la historia, interviene el narrador para amonestar a Anselmo, pues ¿qué necesidad tiene de probar a una mujer tan honesta?, al tiempo que lo reprende con los siguientes versos:

Busco en la muerte la vida,
Salud en la enfermedad,
En la prisión libertad,
En lo cerrado salida
Y en el traidor lealtad.
Pero mi suerte, de quien
Jamás espero algún bien
Con el cielo ha estatuido
Que, pues lo imposible pido,
Lo posible aun no me den.

El que luego da, da dos veces
Camila, esposa de Anselmo, y Lotario ocultan su relación. Durante cierta velada el amante lee algunos versos que aluden al rechazo de una mujer. Mientras Camila se pregunta si Lotario no está muy satisfecho con ella, Ambrosio, por su parte, no sospecha el engaño que él mismo provocó. A continuación, Camila charla con su fiel criada, pues su incertidumbre es grande: ¿acaso Lotario está cansado de una mujer que consiguió tan fácil y rápidamente? Su sirvienta la tranquiliza con el refrán en cuestión.

Lo que cuesta poco se estima en menos
Es la respuesta pesimista de Camila, aunque se equivocaba en sus sospechas. El desenlace de la novela hace honor al título: Anselmo descubre el engaño y se da muerte. Su curiosidad lo ha llevado a la sepultura.

Las letras hacen ventaja a las armas
Otra noche, en la venta, don Quijote comparte la mesa con sus amigos. De pronto y sin que nadie se lo pida, alza la voz para defender las virtudes de la caballería y muestra su incredulidad ante el refrán en cuestión.

El fin de la guerra es la paz
Continúa don Quijote justificando los fines de las batallas y los guerreros. Las letras, según él, jamás

conseguirán un beneficio tan alto como los conflictos bélicos.

Quien es pobre no tiene cosa buena

Prosigue don Quijote, ahora enfocándose a las características de los estudiantes, quizá la más desdichada, la pobreza.

Tres cosas hacen al hombre medrar: iglesia, mar y casa real

Es decir que lo más conveniente para ser rico es tener un título eclesiástico, comerciar o servir a los reyes.

Más vale migaja de rey, que merced de señor

Porque es preferible el favor de quien tiene más poder.

Un nuevo personaje, "el cautivo", acompañado por una bella argelina, irrumpe en la venta. Gracias a su historia, sabemos que su padre le sugirió, a través de los refranes, que escogiera un oficio. El cautivo escogería las armas, mientras que sus hermanos se ocuparían en las dos opciones restantes.

Aunque la traición aplace, el traidor se aborrece

Porque el traidor, no obstante su aparente benevolencia, siempre será despreciado.

Una vez enlistado en las filas del ejército, "el cautivo" llega a Italia y en una batalla naval es apresado por los turcos. En su narración cita varias luchas entre moros y cristianos. El refrán lo utiliza cuando describe una traición realizada por el enemigo.

A quien Dios se la diere, San Pedro se la bendiga
Aconseja resignarse ante los designios del cielo.

En la venta tienen lugar varios reencuentros, el más desagradable sin duda protagonizado por don Quijote y el barbero, dueño de la bacía, quien de inmediato lo acusa ante las autoridades. Los compañeros de don Quijote intervienen en el pleito y apoyan la loca idea de que la bacía es el yelmo de Mambrino. Por supuesto, el barbero no tiene la menor intención de ceder, por lo que Don Quijote resuelve de una manera muy salomónica:

"—Aquí no hay más que hacer sino que cada uno tome lo suyo, y **a quien Dios se la dio, San Pedro se la bendiga**."

La diligencia es madre de la buena ventura
Una vez librado el problema, don Quijote insiste en servir a la princesa Micomicona. Entonces utiliza este proverbio para que sus tareas no se retarden.

La virtud es más perseguida de los malos que amada de los buenos
Debido a que don Quijote se halla muy inquieto, el cura y compañía deciden encerrarlo en una jaula que

lo llevará a su hacienda. Para ello, aprovechan la oscuridad de la noche y le atan de manos y pies. Al siguiente día el Caballero de la Triste Figura se encuentra en una celda que será conducida por bueyes. En el camino, el cortejo hace una parada y se encuentran con un clérigo quien desea conocer la historia de don Quijote. Éste de viva voz, explica que va encantado por algunos enemigos, por lo que utiliza muy a propósito el proverbio.

Donde reina la envidia no puede vivir la virtud
Si tomamos en cuenta que la envidia es uno de los siete pecados capitales es fácil entender que jamás puede convivir con la virtud.

Más adelante, Sancho intuye la farsa y lanza un comentario en contra del cura (quien a pesar de su disfraz es reconocido):

"—¡Ah, señor cura, señor cura! ¿Pensaba vuestra merced que no le conozco, y pensará que yo no calo y adivino adónde se encaminan estos nuevos encantamentos? Pues sepa que le conozco, por más que se encubra el rostro, y sepa que le entiendo, por más que disimule sus embustes. En fin, **donde reina la envidia no puede vivir la virtud**…"

Algo va de Pedro a Pedro
Porque incluso las personas que parecen idénticas son diferentes entre sí.

El barbero reclama a Sancho después de su discurso y le hace ver su locura por gobernar una ínsula. Sancho sugiere, a través del refrán, que a pesar de seguirle la corriente a don Quijote no es idéntico a él.

Tanto la mentira es mejor cuanto más parece verdadera, y tanto más agrada cuanto tiene más de lo dudoso posible
Dice el clérigo, mientras comparte con el cura su aversión contra los libros de caballerías.

Es mejor ser loado de los pocos sabios que burlado de los muchos necios
Aunque odia los libros de caballerías, el eclesiástico admite haber escrito una novela de tal género; claro, sin tantos disparates. Acepta, también, que la ha mostrado a ciertas personas que la aplaudieron. Pero en ningún momento —aclara— se ha dejado llevar por el gusto del vulgo, que es el público mayoritario de los libros de caballerías.

Los montes crían letrados y las cabañas de los pastores encierran filósofos
Un poco más adelante el cortejo de don Quijote decide hacer una parada con el fin de holgarse y comer un bocadillo. De pronto, se escuchan los reclamos de un cabrero, que parecen estar dirigidos a una mujer pero que en realidad son para una cabra. El hombre es descubierto por los amigos de don Quijote y se disculpa

por haber parecido tonto. El cura le invita a compartir los alimentos para que se tranquilice al tiempo que alaba, con el proverbio en cuestión, a la gente de campo.

No es la miel para la boca del asno
Porque la sabiduría es poco apreciada por los ignorantes.

Como es costumbre, don Quijote tiene un altercado con el visitante. A mitad de la pelea, escuchan una trompeta que pertenece a cierta procesión religiosa. En la imaginación de don Quijote, la virgen que llevan los feligreses es una doncella, por lo cual monta en Rocinante y decide atacarlos, pero uno de ellos lo derriba con un fuerte golpe. Ésta parece la última aventura del protagonista quien logra recuperarse del tremendo impacto. Dolorido y sin triunfos de por medio, regresa a su hacienda donde es recibido por el ama y la sobrina. Sancho, por su parte, se entrevista con Teresa Panza. El escudero ha obtenido su recompensa: la bolsa de dinero que pertenecía a Cardenio, pero promete que en la próxima salida gobernará una ínsula. Teresa Panza, a todas luces ignorante, pregunta a su marido que es una ínsula, por lo cual responde el escudero con el refrán que nos atañe.

Harto es el ciego que no ve por tela de cedazo
Cedazo (red). No percibir lo evidente.

Toda comparación es odiosa
Después de la última e infausta aventura, don Quijote se recupera en su hacienda. Mientras convalece, el Caballero de la Triste Figura da indicios de una leve mejoría mental, aunque físicamente parece una momia. Un día acuden a visitarlo el cura y el barbero, y por accidente, el primero le comenta de un nuevo ataque de los turcos. Esto desata el espíritu de don Quijote, quien afirma estar sano y listo para la caballería. Para disuadirlo, el barbero interviene con la historia de un loco que en un santiamén se creyó en su cabal juicio; pidió que lo sacaran del manicomio, pasó varias pruebas y antes de que reingresara a la sociedad, se despidió de sus antiguos compañeros. Uno de ellos, con envidia de sobra, asegura que es el dios Júpiter y que castigará a los hombres por la libertad del loco. El hombre que, supuestamente, había recobrado el juicio contestó que no había problema, pues él era Neptuno, dios de los mares, y abastecería a la humanidad con el vital líquido. Sintiéndose aludido don Quijote responde:

"—Pues, ¿éste es el cuento, señor barbero —dijo don Quijote—, que, por venir aquí como de molde, no podía dejar de contarle? Ah, señor rapista, señor rapista, y **cuán ciego es aquel que no ve por tela de cedazo**! Y ¿es posible que vuestra merced no sabe que **las comparaciones que se hacen de ingenio a ingenio, de valor a valor, de hermosura a hermosura y de linaje a linaje son siempre odiosas** y mal recebidas? Yo, señor barbero, no soy Neptuno, el dios de las aguas, ni procuro que nadie me tenga por discreto no lo siendo; sólo me fatigo por dar a entender al mundo en el error en que está en no renovar en sí el felicísimo tiempo donde campeaba la orden de la andante caballería."

***Quando caput dolet caetera membra dolent* (Cuando la cabeza duele, todos los demás miembros duelen)**

Sancho Panza visita a don Quijote a pesar de las negativas del ama y la sobrina. Juntos, escudero y amo, se encierran en el cuarto y comienzan un diálogo en el cual don Quijote le reclama a Sancho algunas cuentas pendientes. Sancho alega, a su vez, que muchos de los golpes que no merecía le han tocado. El Caballero de la Triste Figura pronuncia el aforismo en cuestión pues si algún mal cae sobre el amo, lo mismo debe suceder con el sirviente.

Mezclar berzas con carpachos

Confundir una cosa por otra.

Uno de los nuevos personajes que intervienen en la obra es el bachiller Sansón Carrasco, estudiante picaresco y socarrón que acude al lecho de don Quijote para oír de cerca sus locas aventuras y para llevarle la noticia de que han sido escritas por un tal Cide Hamete Benengeli (a quien Cervantes, en su juego narrativo, atribuye la obra). Sansón cuenta que incluir *El curioso impertinente* fue un desacierto, por lo cual Sancho sugiere, a través de la frase que el autor ha sido presa de varias confusiones.

De paja y de heno mi vientre lleno
Ocuparse de asuntos sin interés.

Es lo que sospecha don Quijote que hizo Cide Hamete con su historia.

No hay libro tan malo que no tenga algo de bueno
Como no hay personas perversas que no tengan un lado amable, dice el bachiller en defensa del autor.

Aliquando bonus dormitat Homerus
(En ocasiones el bueno de Homero dormita).
Es una cita del *Arte poética* de Horacio. Es decir que hasta el mejor escritor comete errores. Continúa Sansón con su defensa del libro.

Nunca segundas partes fueron buenas
Pregunta don Quijote si sabe de una segunda parte de sus aventuras. Sansón Carrasco sugiere que sí, con el refrán. Pero no habla del Quijote de Alonso Fernández de Avellaneda (publicado un año antes de la segunda parte oficial), pues hasta el momento solamente se han referido a Benengeli. Un refrán bastante desacertado, pues la mayoría de los comentaristas aceptan que la segunda parte, *El ingenioso caballero don Quijote de la Mancha*, es superior a la primera.

Las obras que se hacen aprisa, nunca se acaban con la perfección que requieren
Añade Sansón que para una segunda parte, sólo hace falta que el autor encuentre la historia y sea bien remunerado. Sancho responde con cierta indignación pues supone que será una historia realizada al vapor.

Tiempos hay de acometer y tiempos de retirar
Es un proverbio del Eclesiastés (III, I-VIII) que recomienda prudencia en las acciones.

¡Santiago y cierra España!
Era el grito de guerra del ejército español. Se utilizaba para animarse ante una tarea difícil.

En los extremos del cobarde y el temerario está la valentía
Pondera la ecuanimidad.

Bailar el agua adelante
Cumplir con buena disposición una obra.

No ha de vivir el hombre en hoto de otro sino de Dios
O sea bajo la protección de otro.

Cuando te dieren la vaquilla, corre con la soguilla.
Cuando viene el bien, métele en tu casa

Ambos se refieren a la conveniencia de aprovechar lo que se nos ofrece.

En medio de la plática entre Sansón, don Quijote y Sancho se oye el relincho de Rocinante. El Caballero de la Triste Figura lo interpreta como un buen augurio a su próxima salida y pide al bachiller que le sugiera hacia dónde partir. Sansón Carrasco contesta que lo mejor sería hacia Zaragoza, pues las fiestas de San Jorge se aproximan. El bachiller alaba al mismo tiempo la valentía de don Quijote, pero interviene Sancho con el siguiente discurso (nótense las variantes):

"—¡Cuerpo del mundo, señor bachiller! Sí, que **tiempos hay de acometer y tiempos de retirar**; sí, no ha de ser todo '—**Santiago y cierra España**!' Y más, que yo he oído decir, y creo que a mi señor mismo, si mal no me acuerdo, que **en los estremos de cobarde y de temerario está el medio de la valentía**; y si esto es así, no quiero que huya sin tener para qué, ni que acometa cuando la demasía pide otra cosa. Pero, sobre todo, aviso a mi señor que si me ha de llevar consigo, ha de ser con condición que él se lo ha de batallar todo, y que yo no he de estar obligado a otra cosa que a mirar por su persona en lo que tocare a su limpieza y a su regalo; que en esto yo **le bailaré el agua delante**; pero pensar que tengo de poner mano a la espada, aunque sea contra villanos malandrines de hacha y capellina, es pensar en lo escusado. Yo, señor Sansón, no pienso granjear fama de valiente, sino del mejor y más leal escudero que jamás sirvió a caballero andante; y si mi señor don Quijote, obligado de mis muchos y buenos servicios, quisiere darme alguna ínsula de las muchas que su merced dice que se ha de topar por ahí, recibir, mucha merced en ello; y cuando no me la diere, nacido soy, y **no ha de vivir el hombre en hoto de otro sino de Dios**; y más, que tan bien, y aun quizá mejor, me sabrá el pan desgobernado que siendo gobernador; y ¿sé yo por ventura si en esos gobiernos me tiene aparejada el diablo alguna zancadilla donde tropiece y caiga y me haga las muelas? Sancho nací, y Sancho pienso morir; pero si con todo esto, de buenas a buenas, sin mucha solicitud y sin mucho riesgo, me deparase el cielo alguna ínsula, o otra cosa semejante, no soy tan necio que la desechase; que también se dice: '**Cuando te dieren la vaquilla, corre con la soguilla**'; y '**Cuando viene el bien, métela en tu casa**'."

Echar en saco roto

Desaprovechar lo que se obtiene.

Sansón gusta de seguir la corriente a sus interlocutores por lo que entusiasma a Sancho con la predicción de que no sólo recibirá una ínsula, sino un reino completo. Sancho agradece las palabras jurando, con este refrán, que no será en vano la recompensa.

Honores mutant mores
(Los oficios cambian las costumbres)

Proverbio latino que aparece en boca de Sansón, significa que nuestras ocupaciones determinan nuestra forma de ser.

El bachiller pregunta a Sancho, con este proverbio, si acaso no cambiará su carácter en cuanto tenga el poder. Por supuesto, el escudero, muy interesado en ese reino, contesta que no lo hará nunca.

Viva la gallina con su pepita

La pepita es una enfermedad propia de las aves de corral. Se presenta como un tumor en la lengua que no las deja cacaraquear. El refrán indica que todo bien es bueno aunque tenga sus defectos o inconvenientes.

Una vez aceptado el reto de una nueva salida, Sancho procede a despedirse de su esposa, a quien le promete el gobierno de la ínsula a cambio de su muerte, por lo que la mujer responde:

"—Eso no, marido mío —dijo Teresa—: **viva la gallina, aunque sea con su pepita**; vivid vos, y llévese el diablo cuantos gobiernos hay en el mundo."

Optimum cibi condimentum fames
(El mejor condimento del mundo es el hambre)

Porque así hasta el platillo más humilde nos sabe bien.

Es un dicho que Cicerón atribuía al filósofo Sócrates. Aparece en boca de Teresa Panza quien continúa su discurso en favor de la pobreza.

Mejor parece la hija mal casada que bien abarraganada

Abarraganarse (vivir en unión libre).

Sin embargo, Teresa le solicita a su esposo que encuentre un buen marido a Sanchica.

Al hijo de tu vecina, quítale el moco y cásalo con tu hija

Sancho promete a su mujer que, en cuanto se vea gobernador de la ínsula, casará a Sanchica, con un noble del lugar. Teresa Panza arremete con un discurso en defensa de su hija (como si fuera un hecho las suposiciones de Sancho) argumentando, con el refrán, que es mejor partido un pobre oriundo de la Mancha, que un gran señor de un reino desconocido.

La mujer, en casa y la pierna quebrada; y la doncella honesta, el hacer algo es su fiesta

Habla acerca de las condiciones que una mujer sumisa debe observar. Cansada de tantas promesas y suposiciones, Teresa utiliza este refrán para aclarar que ni ella ni su hija se corromperán con el poder que llegare a tener Sancho.

Quien te cubre te descubre

Porque quien te ayuda a elevar tu posición social, por malicia revela tus deficiencias. Es un refrán basado en la historia, pues durante la Edad Media los nobles tenían el privilegio de cubrirse las caras ante el rey. Sancho insiste en sus razones ante Teresa, quien desconfía, como dice el refrán, de las ayudas maliciosas.

Atarse bien el dedo
Aclarar bien las condiciones de un trato.

Que hablen cartas y callen barbas
Como decir: "Papelito habla".

Quien destaja no baraja
Porque no se pueden hacer dos labores al mismo tiempo.

Más vale una toma que dos te daré
Porque es más seguro recibir poco que mucho.

El consejo de la mujer es poco, y el que no le toma es loco
Es decir que en contadas ocasiones la mujer da un consejo, pero cuando lo hace, acierta.

Sancho se entrevista con don Quijote y por medio de un discurso rebuscado quiere hacer una petición:

"—Teresa dice —dijo Sancho— que **ate bien mi dedo** con vuestra merced, y que **hablen cartas y callen barbas**, porque **quien destaja no baraja**, pues

más vale un toma que dos te daré. Y yo digo que **el consejo de la mujer es poco, y el que no le toma es loco.**"

Hoy somos y mañana no
Habla acerca de la brevedad de la vida.

Tan presto va el cordero como el carnero (van a la muerte)
Como el rico y el pobre no libran el final, tarde o temprano.

Don Quijote no entiende adónde quiere llegar su escudero quien prosigue con estos refranes. Sancho pretende asegurar su futuro y no quiere arriesgarse en vano con el Caballero de la Triste Figura.

Con lo mío, me haga Dios bien
Según una vieja historia, existía un ladrón que robaba la mitad de lo que podía. Así se justificaba ante Dios de no aprovecharse del todo.

Sobre un huevo pone la gallina
O sea que por algo se empieza.

Muchos pocos hacen un mucho
O "La unión hace la fuerza".

Mientras se gana algo no se pierde nada
Porque cualquier ganancia se agradece.

Por fin, Sancho delata sus intenciones. Nótense las siguientes variantes:

"—Voy a parar —dijo Sancho— en que vuesa merced me señale salario conocido de lo que me ha de dar cada mes el tiempo que le sirviere, y que el tal salario se me pague de su hacienda; que no quiero estar a mercedes, que llegan tarde, o mal, o nunca; **con lo mío me ayude Dios.** En fin, yo quiero saber lo que gano, poco o mucho que sea, que **sobre un huevo pone la gallina**, y **muchos pocos hacen un mucho**, y **mientras se gana algo no se pierde nada**."

Si al palomar no le falta cebo, no le faltará palomas
Porque donde hay abundancia todos quieren acudir.

Vale más buena esperanza que ruin posesión
Porque fantaseando o teniendo mucha fe no se peca.

Más vale buena queja que mala paga
Es preferible la esperanza a una mala compensación.

Es un contraataque de don Quijote. Muy ingenioso, asegura a Sancho que jamás ha leído un libro de caballerías donde se hable del salario de los escuderos. Todos los refranes que utiliza son para convencer a Sancho de que más le vale conformarse con su condición humilde, de lo contrario se conseguirá un escudero mejor. Para desgracia de Sancho, en ese preciso instante, aparece el bachiller Sansón quien se ofrece como subordinado del Quijote. Sancho, entre lloriqueos pide perdón a su amo.

En cada tierra su uso, y en cada rueca su huso (instrumento que sirve para hilar)
Significa que en cada lugar tienen costumbres muy respetables, aunque incomprensibles.

En busca de Dulcinea, don Quijote y su escudero entran en la ciudad del Toboso. El caballero está empecinado en encontrar el castillo donde reposa la doncella. De pronto, se encuentran con la iglesia y con una callejuela. Sancho miente al decir que muy cerca de allí se encuentra el hogar de Aldonza Lorenzo. Don Quijote le reprende pues ¿cómo es posible que un castillo se encuentre en una simple callejuela? Por lo que el escudero responde:

"—Señor, **en cada tierra su uso**: quizá se usa aquí en el Toboso edificar en callejuelas los palacios y edificios grandes."

Echar la soga tras el caldero
Llevar las cosas demasiado lejos.

En este caso el Quijote la utiliza para advertirle a Sancho que no continúe con sus tonterías, de lo contrario puede desatarse una pelea.

La verdad adelgaza, mas no quiebra su hilaza
Porque siempre perdura y se impone, según el refrán.

Aparece en boca de Cervantes cuando cuestiona a Benengeli por haber titubeado en escribir todas las andanzas bochornosas e inverosímiles que le sucedieron a don Quijote.

Buen corazón quebranta mala ventura
Porque el ánimo ayuda a superar desgracias.

Donde menos se piensa, salta la liebre
Es decir que el destino nos suele sorprender de la forma que menos esperábamos.

Cansados de buscar el palacio de Dulcinea, don Quijote y su escudero deciden descansar en un campo cercano al Toboso. A la mañana siguiente, don Quijote le encarga a Sancho buscar a Dulcinea. Sancho responde:

"—Yo ir, y volver, presto y ensanche vuestra merced, señor mío, ese corazoncillo, que le debe de tener agora no mayor que una avellana, y considere que se suele decir que **buen corazón quebranta mala ventura**, y que donde no hay tocinos, no hay estacas; y también se dice: **donde no piensa, salta la liebre**. Dígolo porque si esta noche no hallamos los palacios o alcázares de mi señora, agora que es de día los pienso hallar, cuando menos los piense, y hallados, déjenme a mí con ella."

Dime con quien andas y te diré quién eres.
No con quien naces, sino con quien paces
Ambas se utilizan para cuestionar la naturaleza real de las personas.

Una vez aceptado el encargo, Sancho parte hacia el Toboso, pero he aquí que por primera vez en la obra se detiene para reflexionar las locuras de don Quijote. El escudero se acepta tan o más chiflado que el caballero, utilizando estos refranes con los cuales, se imagina, la gente lo cuestionará. Así es que decide hacer tiempo y volver después con una mentira. Para su suerte, divisa en el campo a tres labradoras del lugar que vienen a caballo. Su ingenio y su flojera se ponen en marcha y decide engañar a su amo diciéndole que una de las labradoras es Dulcinea. Don Quijote se niega a creer que su bella musa sea una simple campesina, pero después se convence de que quizá haya sido encantada por el mismo villano que lo enjauló.

Quien la vido y ve ahora, ¿cuál es el corazón que no llora?
O sea que el amor a una persona ha decaído.

Afligido por los embustes de sus enemigos imaginarios, don Quijote se detiene un momento. Sancho intuye que la causa de su aflicción es Dulcinea, así que trata de animarlo. En su intento, sugiere, por medio del refrán, que olvide a la musa.

Llevar la punta en blanco

Quiere decir que un hombre va armado de pies a cabeza. Se utilizaba en la Edad Media para designar las lanzas o las espadas que iban listas para usarse en la guerra.

La conversación entre don Quijote y su escudero se ve interrumpida por una carreta que aparece intempestivamente. De esta forma la describe el narrador:

"Venía la carreta descubierta al cielo abierto, sin toldo ni zarzo. La primera figura que se ofreció a los ojos de don Quijote fue la de la misma Muerte, con rostro humano; junto a ella venía un ángel con unas grandes y pintadas alas; a un lado estaba un emperador con una corona, al parecer de oro, en la cabeza; a los pies de la Muerte estaba el dios que llaman Cupido, sin venda en los ojos, pero con su arco, carcaj y saetas. Venía también un caballero armado de **punta en blanco**..."

En realidad la carreta pertenece a una compañía teatral que representa el auto *Las cortes de la Muerte*. Por primera vez, don Quijote acepta la realidad, por desconcertante que nos parezca, aunque después protagoniza un altercado con los actores.

No hay amigo para amigo.
Las cañas se vuelven lanzas

Es decir que lo que empieza como un juego entre amigos puede terminar mal.

De amigo a amigo, la chinche
Recomienda desconfiar de nuestros amigos.

Después del encuentro con la carreta de la muerte y de una merecida cena, don Quijote y su escudero descansan. El narrador aprovecha para describir la ejemplar amistad que existía entre Rocinante y el asno de Sancho, la cual contradice al par de refranes citados.

De la abundancia del corazón, habla la boca
Se trata de un proverbio perteneciente al Evangelio de San Mateo (XII-XXXIV).

De pronto, don Quijote escucha algunos ruidos y divisa a un caballero como él, que hace una parada en el campo. Entusiasmado, asegura a Sancho que se encuentran en el umbral de un nuevo reto y le pide que ponga atención a lo que canta su colega, con la esperanza de que las palabras traduzcan sus sentimientos. He allí el uso del proverbio.

Los duelos con pan son buenos
Don Quijote sale al paso del Caballero del Bosque o de los Espejos, quien viene acompañado por su escudero. Como era de esperarse, don Quijote entabla un diálogo con su colega y los escuderos hacen lo mismo. Ya a solas, Sancho Panza y su nuevo camarada, intercambian anécdotas y quejas, quizá la mayor, la falta constante de comida. Sancho utiliza el refrán para sugerir que si por lo menos hubiese alimento de continuo, no sufriría tanto.

Hideputa: Puto

Es decir que los padres heredan vicios o cualidades a su descendencia. Este refrán lo utiliza el escudero del Caballero del Bosque cuando Sancho comenta que tiene una hija de quince años. Éste al oír la frase solicita mayor sensatez. Sin embargo, Sancho ignora que el refrán puede ser utilizado como una alabanza ya que en las corridas de toros se usaba para aplaudir al árbol genealógico del torero.

La codicia rompe el saco

Porque no tiene límite la ambición.

Cuidados ajenos matan al asno

Es un refrán dedicado a los entrometidos que sufren las consecuencias de problemas ajenos.

Continúa la conversación entre los escuderos. Sancho ruega a Dios que lo libre de su oficio tan mal remunerado; aunque admite que tuvo suerte al encontrarse con la bolsa de Cardenio. El escudero del Bosque contesta con estos dos refranes, para pedirle a Sancho mayor humildad.

A falta de pan, buenas son tortas

Recomienda conformarnos con lo que tenemos. Es el consejo que le da el escudero a Sancho para que abandonen su oficio. Nótese la variante:

"—Por eso digo —dijo el del Bosque— que nos

dejemos de andar buscando aventuras; y, **pues tenemos hogazas, no busquemos tortas**, y volvámonos a nuestras chozas, que allí nos hallará Dios, si él quiere."

Al buen pagador, no le duelen prendas

Es uno de los refranes que más aparecen en la obra, se refiere a la que las personas cabales cumplen sus promesas sin pretexto alguno. De esta manera responde el Caballero del Bosque a don Quijote, quien le ha retado a un duelo.

Mano sobre mano, como mujer de escribano

Así se le decía a quien estaba ocioso. El escudero, al saber que su amo se batirá con don Quijote, reta a Sancho a un duelo, ya que es la costumbre en Andalucía:

"...cuando son padrinos de alguna pendencia, **no estarse ociosos mano sobre mano** en tanto que sus ahijados riñen. Dígolo porque esté advertido que mientras nuestros dueños riñeren, nosotros también hemos de pelear y hacernos astillas."

Mirar por el virote

Es decir que cada quien tiene que atender su negocio o trabajo. Responde Sancho a las amenazas del escudero, pero con cierta timidez y tratando de persuadirlo para que hagan la paz.

“No soy yo hombre que me dejo manosear el rostro de nadie; y cada uno **mire por el virote,** aunque lo más acertado sería dejar dormir su cólera a cada uno.”

Enemigos, cuanto menos, mejor

Resulta que el Caballero del Bosque (o de los Espejos) es el bachiller Sansón Carrasco, quien se había caracterizado para disuadir al Quijote de sus locuras. El escudero era nada menos que Tomé Cecial, compadre de Sancho Panza, sólo que disfrazado con una enorme nariz. Pero en su afán de seguirle la corriente a don Quijote, Sansón fue vencido en el duelo. El caballero de la Triste Figura se acerca a su oponente y descubre la verdad, pero cree que se trata de un engaño más de los encantadores. Sancho acude y le sugiere a su amo que lo mate, entonces el caballero le contesta con la siguiente variación:

“—No dices mal –dijo don Quijote—, porque **de los enemigos, los menos**.”

No hallar nidos donde se piensa hallar pájaros

No lograr lo que se pretendía.

Sansón Carrasco es salvado por su escudero Tomé, quien revela el engaño. Claro, don Quijote no le cree, pero respeta la integridad del Caballero de los Espejos. Posteriormente, Cervantes señala, con el refrán, el error que cometió Carrasco.

Letras sin virtud son perlas en el muladar
Vencido el Caballero de los Espejos, don Quijote ha tomado nuevos bríos. Junto con su escudero, divisa a un hombre de muy buena apariencia vestido con un gabán verde. El hidalgo en cuestión es interceptado por don Quijote y ofrece los detalles de su origen y su familia. Es su penar un hijo, que tiene predilección por la poesía. Al parecer, el hidalgo es muy exigente, pues sólo venera a los poetas de altos vuelos. Utiliza, muy a propósito, el refrán que nos atañe.

El poeta nace, no se hace
Aparece en el diálogo *Ion* del filósofo Platón.

Todo un discurso acerca de la poesía, por parte de don Quijote, es lo que escucha el hombre después de hablar. El caballero andante interviene con esta máxima latina para sustentar su convicción de que los artistas son innatos.

Hombre apercibido, medio combatido
En medio de la conversación, se acerca una carreta con dos o tres banderas como divisa, lo cual significa que pertenece a la corte real. Don Quijote, en su locura, supone que éste es el preámbulo a un fantástico suceso. Sancho, mientras, se halla ocupado en comprar unos requesones. Don Quijote llama al escudero quien no tiene otro lugar para esconder sus alimentos que el yelmo de Mambrino. El del Verde Gabán, le dice a don Quijote que por ningún lado ve la posibili-

dad de una aventura, pero éste interviene con el refrán, para sostener que un caballero andante siempre debe estar en pie de guerra. Sancho, entonces, le ofrece el casco a su señor. Como era de esperarse, los requesones son aplastados por la cabeza de don Quijote quien supone que los sesos escurren por su cara.

Ex unguem loenem
(Por la uña se conoce al león)

Don Quijote, sin dar mayor importancia a su accidente, pide al carretero que detenga su vehículo. Así, se entera de que una jaula con leones es el cargamento. El caballero andante desea probar su valor y exige que sean liberadas las fieras. En un principio el carretero se niega a tal locura, pero de inmediato es amenazado por la lanza de don Quijote. Sancho ha visto, por la rendija de la jaula, la uña del león que es enorme como los disparates de su amo. Entonces interviene con este viejo adagio latino para advertir a su señor las dimensiones del felino.

Más vale pecar por carta de más o por carta de menos

Sin otra alternativa, el carretero suelta al león mientras Sancho, el del verde gabán y algunos transeúntes se esconden donde pueden y no se atreven a mirar lo que suponen será una tragedia. Para suerte de don Quijote, el león se hallaba tan somnoliento que sólo tiene ánimos para salir de la jaula, dar un largo bostezo y mostrarle sus partes traseras. Después de la atrabancada aventura, el del verde gabán se acerca a don Quijote y por su simple actitud le da entender que es un loco de remate. El Caballero de la Triste Figura intuye los pensamientos del hidalgo y contesta con un largo discurso, en el cual defiende el valor que siempre debe mostrar, ya que, como sugiere en el refrán, vale más el exceso de audacia que la simple cautela.

Las riquezas son poderosas de soldar muchas quiebras

En un acto de cortesía, el del verde gabán invita a don Quijote a su hacienda. Allí pasan algunos días sin contratiempo alguno. La inquietud del caballero andante se incrementa y, después de agradecer las atenciones de su anfitrión, retoma el camino hacia Zaragoza. En este punto se encuentra con algunos labradores y estudiantes que se dirigen a los esponsales de Camacho y Quiteria. He aquí una nueva historia de amor, en la cual Camacho, joven rico y sin virtud alguna, ha robado el amor de Quiteria a Basilio, un muchacho sencillo y humilde de la región. Lo que ha decidido las bodas, es el poder monetario de Camacho por lo que el refrán viene muy a pelo con la historia.

Cada oveja con su pareja

Este conocidísimo refrán es utilizado por Sancho Panza cuando interviene en la conversación, pues, a su parecer, no hay mejor esposa para Basilio que la hermosa Quiteria.

Dios que da la llaga, da la medicina
Es decir que la divinidad da los remedios para los males que provienen de ella.

Nadie sabe lo que está por venir
Porque no hay certeza en el futuro.

El amor hace parecer oro al cobre; a la pobreza, riqueza, y a las lagañas, perlas
Debido a que el amor causa desvaríos.

Dice Sancho todos estos refranes con la esperanza de que Basilio y Quiteria puedan restablecer su amorío.

Más vale maña que fuerza
En medio de la conversación, surge un altercado entre dos de los estudiantes que asistirán a la boda. Don Quijote media como juez en la disputa que es a espada limpia. Por supuesto, el más avezado espadachín triunfa, por lo que el refrán se justifica.

Tanto tienes, tanto vales; nada tienes, nada vales
Pues con dinero nos ganamos el respeto de los demás.

Un asno cubierto de oro parece mejor que un caballo enalbardado

Porque, según el refrán, cualquier persona con dinero es preferible a otra.

Nuestros protagonistas aceptan la invitación para asistir a las bodas el siguiente día. Muy temprano, don Quijote y su escudero entran a la aldea y lo primero que nota el segundo es el tremendo banquete que se está preparando. Con hambre de sobra, Sancho se acerca a uno de los cocineros, quien le ofrece algunas gallinas y gansos asados. A partir de entonces, Sancho enfatizará las desventajas de la pobreza y se declarará partidario de Camacho con estos refranes.

Bien predica quien bien vive

Porque convence más con el ejemplo que con las palabras.

Don Quijote reclama que primero llegará el día de su muerte que el silencio y la prudencia de Sancho, quien no deja de hablar a lo tonto. Sin embargo, Sancho contesta con un largo discurso acerca de la muerte, por lo cual don Quijote le responde de manera irónica que lo ha hecho muy bien. Panza cierra con el refrán para justificar la sabiduría de sus discursos.

El buey suelto bien se lame

La libertad tiene ventajas muy considerables.

Durante las bodas se presenta Basilio, quien, en un verdadero acto teatral, finge suicidarse. Su última petición es que el sacerdote lo case con Quiteria. Aquél, ignorando la farsa, da la bendición, y para sorpresa de todos, Basilio se incorpora. Los amigos de Camacho lo amenazan, pero don Quijote interviene a su favor con un imponente discurso. Sin trabas de por medio, Basilio y Quiteria se dirigen a su pueblo. En un principio, Sancho va de muy mala gana, pero al ser agasajado por la pareja cambia de humor. Al mismo tiempo, don Quijote continúa con sus comentarios sin fin donde saca a colación que no ha contraído matrimonio a pesar de sus cincuenta y tantos años (aproximadamente) y del cuidado que se debe tener al elegir una esposa. Sancho en voz baja, alaba las virtudes de su amo al mismo tiempo que amonesta esa obsesión por meter su cuchara en todo. Al parecer don Quijote le ha escuchado, e indaga las murmuraciones de su escudero. Éste le responde que no es nada, sólo que le hubiese gustado oír tales consejos antes de haberse casado con Teresa. Entonces utiliza el refrán para aplaudir las ventajas que tiene la soltería.

En manos está el pandero de quien lo sabe tañer

Decía la persona que estaba segura de sus cualidades. Después de los festejos, don Quijote tiene el deseo de entrar en la cueva de Montesinos, famosa por su profundidad. Uno de los estudiantes que acudieron a las bodas, ofrece a su primo para que los guíe. Ya en la entrada de la cueva, don Quijote amarra una soga a su cintura y es advertido por el guía para que tenga cuidado. Responde el caballero con el refrán en cuestión, para evitar más preocupaciones de sus acompañantes.

Sabe un punto más que un diablo

Se utiliza para señalar a las personas astutas o embaucadoras.

Después de recibir la bendición de Sancho, don Quijote se introduce en la cueva. Poco a poco el caballero se adentra en el desconocido espacio, pero después de media hora su cuerda es jalada por Sancho y el joven guía. Por supuesto, don Quijote les reclama no haberle pedido su opinión para sacarlo de allí. El caballero procede a contarles las maravillas que vio en la cueva. Según él, después de caminar por varios estrechos cayó en un sueño muy profundo. Al despertar se encontró con un castillo translúcido y con Montesinos (tanto Durandarte como Montesinos eran caballeros de Carlomagno. El segundo murió en Roncesvalles y le encomendó al otro que le sacara el corazón para llevárselo a su amada, Belerma), quien le llevó al interior. En ese lugar yace Durandarte, encantado por la magia de Merlín. Montesinos califica, con el refrán, las cualidades del fabuloso hechicero.

Tan bien canta el abad como el monaguillo

Después de su aventura en la cueva de Montesinos, don Quijote, Sancho y el guía, se dirigen hacia una venta. En el lugar se entrevistan con un campesino que les relata la siguiente historia: un hombre ha perdido a su burro y lo buscaba desesperadamente. Su tarea continúa hasta que un amigo le informa que ha visto al asno en el monte. Entonces se dirigen hacia el sitio y como no encuentran al burro preparan un plan: los dos rebuznarán por cada lado del monte para atraerlo. Pero sucede que ambos imitan a la perfección los rebuznos, por lo cual se encuentran uno al otro. Después de hallar el cadáver del asno, el dueño del animal se sorprende de lo bien que su amigo rebuzna, aunque él, como sugiere el refrán, no canta mal las rancheras.

Dar en rostro

Echar en cara una culpa a otra persona.

Los amigos regresan a casa y cuentan lo sucedido a sus familias. La historia de los rebuznos alcanza una fama espectacular que se propaga al pueblo vecino donde todos comienzan a hacer mofa del hecho. En este punto se utiliza la frase, pero con la variante de que la burla se dice delante del ofendido.

El que lee mucho y anda mucho, ve mucho y sabe mucho

Al terminar el relato, el campesino se despide y aparece un nuevo personaje en la venta, maese Pedro quien, además de ser titiritero, trae consigo a un mono que tiene poderes inusuales. Resulta que cuando se le pregunta algo, el primate da algunas cabriolas sobre el hombro de su dueño y al oído le responde. Sancho, sin esperar más, pregunta al mono por su esposa Teresa Panza. Al instante el animal se dirige al oído de maese Pedro. Éste se arrodilla ante don Quijote y Sancho para reconocer sus aventuras y hazañas, al mismo tiempo que asegura que Teresa Panza se halla en buen estado. Don Quijote lanza el refrán de su autoría para demostrar admiración por lo que ha visto.

De la prolijidad se suele engendrar el fastidio

En seguida maese Pedro (quien en realidad es Ginés de Pasamonte) se dispone a ofrecer una función de títeres. Se representa la historia de Gaiferos y su esposa Melisendra, quien ha sido apresada por los moros. Carlomagno, padre de la muchacha solicita a Gaiferos que la libere. Éste acepta la encomienda y lleva a cabo el rescate. La historia es relatada por un jovencito que se detiene continuamente en detalles inoportunos.

Después que es reprendido por don Quijote y por su patrón, el muchacho se amonesta a sí mismo con el refrán.

El piadoso cielo socorre en las mayores necesidades

El joven describe el rescate de Melisendra que, como lo dice el proverbio, contó con la oportuna intervención de la divinidad.

Dar gato por liebre

Los enemigos de Gaiferos y Melisendra se apresuran a perseguirlos. En este punto el entusiasmo de don Quijote crece al grado que comienza a destrozar los muñecos. Maese Pedro pide al caballero una generosa remuneración por haber desnarigado al títere de Melisendra. Pero según don Quijote, aquella se encuentra libre y al lado de su padre, por lo cual utiliza el refrán para pedirle al titiritero que no le vea la cara.

Cuando la cólera sale de madre, no tiene padre
Cuando estamos enojados no medimos nuestras palabras.

Retomando el camino hacia Zaragoza, don Quijote divisa a un ejército cuyo estandarte tiene la figura de un burro. El caballero supone que se trata del pueblo donde viven los dos amigos que alguna vez rebuznaron. Y es así, pues están a punto de enfrentarse contra sus vecinos que tanto les han humillado. Don Quijote pide la palabra antes del conflicto y menciona el refrán para tratar de calmar los ánimos.

Mal ajeno cuelga del pelo
El dolor ajeno pronto se olvida.

Todo va bien hasta que Sancho Panza interviene. Muy a su estilo pretende seguir los pasos del amo y alza la voz en medio de los dos bandos para decir que no es ninguna ofensa que se burlen de alguien que rebuzna. Para sustentar su discurso, se tapa la nariz y lanza un rebuzno que hace eco en los valles cercanos. Los agraviados creen que se trata de una burla más y linchan al par de entrometidos. Mientras descubre sus heridas, Sancho se queja con el refrán.

Quien yerra y se enmienda a Dios se encomienda
Quien comete un error y trata de repararlo puede conseguir la ayuda divina.

Don Quijote, harto de tantas quejas, reprende a su escudero. Éste, golpeado y herido sentimentalmente, pide perdón mediante el refrán.

Haz lo que tu amo te manda, y siéntate con él a la mesa
Resignado y un cuanto arrepentido, Sancho Panza utiliza este refrán para someterse a las órdenes de su amo quien, a las orillas del río Ebro, ha divisado una modesta barca. En su imaginación el navío se presenta como un imponente barco.

Aquí fue Troya
Frase proverbial de *La Eneida*, utilizada originalmente para designar la tragedia que embargó al pueblo troyano. También se usaba para referirse a las tragedias personales, en especial, a la muerte.

Pronto, don Quijote y su escudero están a la deriva. Para su fortuna unos molineros los rescatan, pero en su esfuerzo, derriban la embarcación y a sus tripulantes. Don Quijote, a pesar que nadaba mejor que un pato, tuvo que ser ayudado por algunos molineros. En este punto de la historia Cervantes interviene con la frase para indicar que la vida del protagonista corría peligro.

En casa llena, presto se guisa la cena
Donde hay medios para realizar un trabajo no hay dificultades.

Don Quijote y Sancho se encuentran con una cazadora cuya belleza es impresionante. Atraído, el caballero andante solicita al escudero que lo presente ante la desconocida. Sancho indica, por medio del refrán anterior, que hará su tarea sin problemas.

Quien hace un cesto, hará un ciento; y si tiene mimbres y tiempo, un cuento
Explica que con recursos y tiempo suficiente, cualquier obra es posible. En este caso aparece con una variación:

"—No se puede negar, sino afirmar, que es muy hermosa mi señora Dulcinea del Toboso, pero donde menos se piensa se levanta la liebre; que yo he oído decir que esto que llaman naturaleza es como un alcaller que hace vasos de barro, y **el que hace un vaso hermoso también puede hacer dos, y tres y ciento;** dígolo porque mi señora la duquesa a fe que no va en zaga a mi ama la señora Dulcinea del Toboso."

Las gracias y los donaires no asientan sobre ingenios torpes
Don Quijote disculpa el atrevimiento de Sancho, pero la cazadora se siente halagada y demuestra su admiración, a través del refrán, por el ingenio del escudero.

Rumia las palabras antes que te salgan de la boca

La cazadora es una duquesa a quien acompaña su marido. Ambos conocen la historia de don Quijote, así es que desean divertirse un buen rato. Entonces lo invitan a su palacio que tienen en el campo. Don Quijote, al fin, se sabe tratado como todo un caballero. Sancho por su parte, se encuentra entusiasmado ante los posibles manjares que le ofrecerán. Ingresan al palacio y Sancho le pide de una forma arrogante a una de las dueñas (ama de llaves) que se encargue de su burro. Por supuesto, la dueña no está en disposición de subordinarse a un vil escudero por lo que se desata una discusión. La duquesa y don Quijote se enteran del conflicto, por lo cual el Caballero de la Triste Figura amonesta a Sancho con los refranes en cuestión.

A buen salvo está el que repica

Antiguamente, durante las invasiones, un hombre repicaba las campanas desde lo alto de las torres para advertir a sus compatriotas el ataque (por supuesto, era él quien menor riesgo corría). Una vez instalados en el palacio, don Quijote y Sancho son invitados a comer. Sin importarle su ignorancia, este último pide la palabra para contar una historia. Don Quijote le solicita que mire bien lo que está a punto de decir. Panza responde:

"—Tan mirado y remirado lo tengo, que **a buen salvo está el que repica**, como se verá por la obra."

Júntate con los buenos y serás uno de ellos.
Quien a buen árbol se arrima, buena sombra le cobija

Ambos se refieren a la conveniencia de las buenas compañías.

En medio de la cena aparece un eclesiástico cercano a los duques. El religioso no está muy de acuerdo con la compañía de esa tarde, por lo que aclara a don Quijote que los caballeros andantes y sus aventuras no existen. Éste contesta con un largo discurso en favor de su oficio. Sancho no se queda atrás, defendiendo, con base en los refranes citados, la compañía que le hace.

El que a larga vida vive, mucho mal ha de pasar

El eclesiástico se retira cuando comprueba que el duque sigue la corriente a sus invitados. Continúan la comida de muy buen grado y, al final, unas doncellas se acercan a don Quijote para lavarle las barbas. Es el deseo de Sancho que hagan lo mismo con él. Aunque lo dice en voz baja, es escuchado por la duquesa, quien le interroga:

"—¿Qué decís entre vos, Sancho?

—Digo, señora —respondió él—, que en las cortes de los otros príncipes siempre he oído decir que en levantando los manteles dan agua a las manos, pero no lejía a las barbas; y que por eso es bueno vivir mucho, por ver mucho; aunque también dicen que **el que larga vida vive mucho mal ha de pasar,** puesto que pasar por un lavatorio de éstos antes es gusto que trabajo."

En más se ha de estimar y tener un humilde virtuoso que un vicioso levantado
Mientras Sancho es atendido por el maestresala (criado), don Quijote y la duquesa platican. Ella pide que le dé noticias acerca de Dulcinea, así como algunas descripciones físicas. Por supuesto, don Quijote realza la virtud de su musa a través del proverbio.

Ni tomes cohecho, ni pierdas derecho
Recomienda no tocar lo ajeno, pero aprovechar lo que nos corresponde. Es un consejo que don Quijote piensa dar a su amigo cuando se le conceda el puesto de gobernador.

Irse por los cerros de Úbeda
Mentira. Locura. Perderse, ya sea en el discurso o en los hechos. En Úbeda, región cercana a la ciudad de Baeza, no existe cerro alguno.

Al término de la comida, la duquesa invita a Sancho a una sala privada para que le cuente los pormenores de sus aventuras. Después de revisar muy bien las paredes del lugar, Sancho revela que ha mentido, pues conoce de sobra el estado psicológico de su señor, quien siempre anda por los cerros de Úbeda.

Nacen alas a la hormiga para que se pierda más aína
Más aína (con mayor facilidad). Se utiliza en contra

de la gente vanidosa o ignorante que tiene demasiada fortuna pero que por sus vicios cae en desgracia.

Tan buen pan hacen aquí, como en Francia
Recomienda conformarnos con lo que tenemos.

De noche todos los gatos son pardos.
No hay estómago que no sea un palmo mayor que otro
En situaciones determinadas, todas las personas son iguales.

Las avecitas del campo tienen a Dios por su proveedor y despensero
Se trata de un proverbio tomado del libro de san Mateo (VI-XXX).

Más calientan cuatro varas de paño de Cuenca que otras cuatro de límiste (paño muy fino).
Porque lo básico es preferible a lo lujoso.

No ocupa más pies de tierra el cuerpo del Papa que el del sacristán.
Al entrar en el hoyo, todos nos ajustamos.
Al dejar este mundo y meternos la tierra adentro, por tan estrecha senda va el príncipe como el jornalero

En los tres casos se enfatiza que la muerte no respeta posición económica.

No es oro todo lo que reluce
Las apariencias engañan.

De entre los bueyes, arados y coyundas sacaron al labrador Wamba para ser rey de España
Wamba o Bamba fue rey de los visigodos durante los años 672-680 d. C. No hay noticias de su vida como campesino, aunque seguramente el refrán se refiere a las discrepancias que surgieron cuando se le designó para ocupar el trono.

Después de escuchar las mentiras de Sancho, la duquesa se pregunta en voz alta, ¿cómo un hombre que sigue a un loco podrá gobernar bien? Entonces el escudero admite sus carencias y acepta su condición, con base en los refranes.

A quien cuece y amasa, no le hurtes la hogaza
No es recomendable engañar a quien más sabe que nosotros.

A perro viejo, no tus tus
El astuto o experimentado no se deja timar con cualquier truco.

Saber donde aprieta el zapato
Conocer los defectos propios y ajenos.

La duquesa demuestra que sus amenazas no son serias. Sancho retoma ánimo y, con base en los refranes, asegura que gobernará con astucia.

Nadie nace enseñado
Es una máxima atribuida al filósofo romano (nacido en Hispania) Séneca. Significa que ningún conocimiento es innato.

De los hombres nacen los obispos
Cualquier hombre puede aspirar a títulos muy altos.

Mediante ambos, la duquesa apoya la gobernatura de Sancho.

Dios está en el cielo, que juzga los corazones
Proverbio que originalmente aparece en el libro de San Lucas (XVI-XV). Dice Sancho para disculpar las locuras de don Quijote, quien comete actos ilícitos sin tener conciencia de ellos.

Más vale el buen nombre, que las muchas riquezas
Otro proverbio, pero en esta ocasión atribuido al *Eclesiastés* (VII-I). De nuevo Sancho utiliza una frase para convencer a la duquesa que es digno del título que se le ofrece.

Debajo de mala capa, hay buen bebedor

Lo utiliza la duquesa, cuando duda de la integridad de Sancho. Aunque éste se lo toma muy en serio, y acepta que bebe de vez en cuando; y no por vicio, sino por gusto.

Del dicho al hecho, hay mucho trecho

A la siguiente mañana, Sancho y don Quijote son invitados por los duques para participar en una cacería. El caballero andante se muestra valeroso ante un jabalí, pero Sancho huye hacia un árbol del cual queda pendiente. Una vez rescatado, cuestiona el porqué de esa costumbre tan salvaje. El duque responde que es una tradición entre los nobles, la cual tendrá que imitar en cuanto sea gobernador. El escudero asegura que jamás caerá en esas distracciones pues son más importantes los asuntos de gobierno. Don Quijote, por medio del refrán citado, pone en tela de juicio las palabras de su compañero.

A quien madruga, Dios le ayuda

Conocidísimo refrán que recomienda la buena disposición al trabajo.

Tripas llevan piernas, que no piernas a tripas

Porque para tener ánimo es necesario un estómago lleno.

Metedle el dedo en la boca, veréis si aprieta
Poner a prueba.

Con estos refranes contraataca Sancho a las dudas de su señor.

Un asno cargado de oro sube ligero por una montaña
Proverbio latino: *Nullum inexpugnabilem locum esse in quem agellus onostus auro posit ascendere.* Significa que el dinero lo puede todo.

Dádivas quebrantan peñas
Es decir que los regalos siempre agradarán a las personas.

A Dios rogando, y con el mazo dando
Asegura que Dios nos ayudará, siempre y cuando hagamos lo que nos corresponde.

Más vale "una toma", que "dos no te daré"
Más vale asegurar la posesión de un bien que arriesgarse por muchos.

Traer la mano por el cerro
Tolerar a otra persona.

Doblar la parada

Arriesgar los bienes.

Los duques, Sancho y don Quijote regresan al palacio, pero son interceptados por un cortejo del mago Merlín. El hechicero (cómplice de los duques) revela a don Quijote cómo será desencantada Dulcinea.

Es menester que Sancho, tu escudero,
Se dé tres mil azotes y trescientos
En ambas sus valientes posaderas

Por supuesto, Sancho no está en disposición de aceptar el sacrificio, así es que una de las participantes del cortejo, quien supuestamente es Dulcinea (en realidad, un paje de la duquesa), se acerca para rogarle que lo haga. Sancho continúa con su negativa y turbado por lo que se le pide pronuncia un discurso desesperado:

"—Dejeme vuestra grandeza —respondió Sancho—, que no estoy agora para mirar en sotilezas ni en letras más a menos; porque me tienen tan turbado estos azotes que me han de dar, o me tengo de dar, que no sé lo que me digo, ni lo que me hago. Pero querría yo saber de mi señora doña Dulcinea del Toboso adónde aprendió el modo de rogar que tiene: viene a pedirme que me abra las carnes a azotes, y llámame alma de cántaro y bestión indómito, con una tiramira de malos nombres, que el diablo los sufra. ¿Por ventura son mis carnes de bronce, o vame a mí algo en que se desencante o no? ¿Qué canasta de ropa blanca, de camisas, de tocadores y de escarpines, a[un]que no los gasto, trae delante de sí para ablandarme, sino un vituperio y otro, sabiendo aquel refrán que dicen por ahí, que **un asno cargado de oro sube ligero por una montaña**, y que **dádivas quebrantan peñas**, y **a Dios rogando y con el mazo dando,** y que **más vale un 'toma' que dos 'te daré'**? Pues el señor mi amo, que había de **traerme la mano por el cerro** y halagarme para que yo me hiciese de lana y de algodón cardado, dice que si me coge me amarrar desnudo a un árbol y me **doblará la parada** de los azotes."

Váyase el diablo a ruin, y quédese en casa Martín
Se decía para poner fin a una discusión.

El duque advierte que si Sancho no acepta el sacrificio, jamás será gobernador. El escudero pide dos días para pensarlo, pero Merlín no conoce la espera. La duquesa interviene, con el refrán, para que Sancho acepte y se acabe toda la discusión.

La letra con sangre entra
Asegura que debe impartirse educación, aunque sea a base de golpes. Una vez convencido, Sancho cumple su penitencia de singular forma: en vez de flagelarse, solamente se da golpecillos con las manos. La duquesa utiliza el refrán de manera metafórica para reprender a Sancho.

Roer los zancajos
Murmurar.

Pon lo tuyo en concejo y unos dirán que es blanco y otros que es negro
Todo mundo tiene una opinión distinta acerca de nuestros problemas.

Ambos aparecen en la misiva que Sancho dirige a Teresa. Muy a su estilo, el escudero describe los pormenores de la estancia con los duques. He aquí una muestra:

CARTA DE SANCHO PANZA A TERESA PANZA, SU MUJER

Si buenos azotes me daban, bien caballero me iba; si buen gobierno me tengo, buenos azotes me cuesta. Esto no lo entenderás tú, Teresa mía, por ahora; otra vez lo sabrás. Has de saber, Teresa, que tengo determinado que andes en coche, que es lo que hace al caso, porque todo otro andar es andar a gatas. Mujer de un gobernador eres, ¡mira si te **roerá nadie los zancajos**! Ahí te envío un vestido verde de cazador, que me dio mi señora la duquesa; acomódale en modo que sirva de saya y cuerpos a nuestra hija. Don Quijote, mi amo, según he oído decir en esta tierra, es un loco cuerdo y un mentecato gracioso, y que yo no le voy en zaga. Hemos estado en la cueva de Montesinos, y el sabio Merlín ha echado mano de mí para el desencanto de Dulcinea del Toboso, que por allá se llama Aldonza Lorenzo: con tres mil y trescientos azotes, menos cinco, que me he de dar, quedar desencantada como la madre que la parió. No dirás desto nada a nadie, porque **pon lo tuyo en concejo, y unos**

dirán que es blanco y otros que es negro. De aquí a poco[s] días me partiré al gobierno, adonde voy con grandísimo deseo de hacer dineros, porque me han dicho que todos los gobernadores nuevos van con este mesmo deseo; tomaréle el pulso, y avisar si has de venir a estar conmigo o no.

Donde interviniesen dueñas no puede suceder cosa buena

Poco después aparece en el palacio de los duques un escudero llamado Trifaldín, quien viene a solicitar la ayuda de don Quijote para su señora, la dueña Dolorosa. Al escuchar la palabra "dueña", Sancho se imagina que es una mujer rebelde y conflictiva como doña Rodríguez. Con el refrán, que alguna vez se lo escuchara al boticario del pueblo, desconfía de la Dolorosa.

Allá van leyes do quieren reyes

Porque la palabra del soberano está por encima de la justicia o las opiniones.

Interviene doña Rodríguez con este refrán para que se deje de cuestionar la calidad de las dueñas.

Mejor no menear el arroz aunque se pegue

Insiste Sancho en meter la discordia, hablando mal de las dueñas, aunque, como dice el refrán, prefiere guardar silencio para que no surjan nuevas rencillas.

Al buen entendedor, pocas palabras

Cansado de tantas intervenciones de su escudero, Don Quijote lo reprende. Sancho, como ya es costumbre, sugiere con el refrán que no hacen falta más amonestaciones.

Dios consiente, mas no para siempre

La dueña Dolorida cuenta su historia: en un lejano reino, la princesa Antonomasia se ha enamorado de un hombre que no convence a su madre. En breve, se embaraza y acepta la petición de matrimonio. Maguncia, su madre, muere de la sorpresa. En el momento de su entierro aparece el gigante Malambruno quien es primo de la fallecida; hechiza a la pareja y promete que no los desencantará hasta pelear con don Quijote. Asimismo, perdona a la dueña Dolorida, sirvienta de Antonomasia, pero le hace crecer una barba enorme. Por esto la Dolorida (que es el mayordomo de los duques) solicita a don Quijote enfrentarse con Malambruno. Para ello debe montar al fantástico caballo Clavileño el Alígero que aparece en varias leyendas medievales. Según la mitología, este caballo, que tenía poderes fantásticos, pertenecía a Merlín. Sancho, como era de esperarse, evade la aventura, pero don Quijote acepta que, como lo sugiere en el refrán, los villanos no deben durar para siempre.

Bien está san Pedro en Roma, si no le quitan la corona

Usado por las personas que no tienen o fingen no

tener necesidad. Sancho está muy cómodo en tierra y no desea participar en la aventura. Así es que aplica el refrán de manera muy oportuna.

El comenzar las cosas es tenerlas medio acabadas
Sancho, después de varias dudas, acepta acompañar a su amo. Pero don Quijote sabe que la aventura les tomará mucho tiempo. Sería mejor, según él, que Sancho cumpliera su penitencia para desencantar a Dulcinea, pues como dice el refrán, no es bueno dejar a medias lo que se empezó.

En prisa me ves y doncella me demandas
Se dice a quien pide favores en el momento más inoportuno. Así contesta Sancho pues don Quijote "ve la procesión y no se hinca."

Come poco y cena más poco, que la salud de todo el cuerpo se fragua en la oficina del estómago. Sé templado en el beber, considerando que el vino demasiado ni guarda secreto ni cumple palabra
El día para que Sancho tome posesión de su gobierno está cerca. Enterado, don Quijote da una multitud de consejos a su amigo, que bien pueden utilizarse como proverbios.

El andar a caballo a unos hace caballeros y a otros caballerizos
Indica los inconvenientes del poder que a muchos corrompe y a muy pocos ennoblece.

El que no madruga con el sol, no goza del día
Es una variante de: "A quien madruga, Dios le ayuda".

La diligencia es madre de la buena ventura, y la pereza su contraria
Quien atiende sus negocios a tiempo no sufre.

Son otras recomendaciones del caballero andante.

Tener el mando y el palo
Tener todo el poder.

El que tiene de padre al alcalde, seguro va a juicio
Porque las influencias salvan a muchos.

A quien Dios quiere bien, la casa le sabe; y a quien mal, ni la casa ni el hogar
Porque el afortunado no tiene de qué preocuparse.

Las necedades del rico por sentencias pasan en el mundo.

Hazte miel y te comerán las moscas
Recomienda no ser tan noble porque otros se pueden aprovechar de nosotros.

Del hombre arraigado no te verás vengado
Es decir que no podrás tomar venganza contra quien tiene mucho poder o dinero.

Sancho solicita a don Quijote que mande a escribir todos sus consejos para que otro los lea durante su mandato. Al caballero le preocupa que un gobernante sea analfabeta; pero en la mente del escudero eso no tiene importancia pues ningún súbdito se atreverá a cuestionarlo.

Al buen callar, llaman Sancho
El refrán sugiere discreción.

Don Quijote es sacado de quicio por Sancho Panza, quien mienta y mienta refranes sin ton ni son. Éste, en el colmo de la imprudencia, amenaza con pronunciar otros cuatro, aunque con este refrán amaga no llevarlo a cabo.

Entre dos muelas cordales (del juicio)**, nunca pongas tus cordales** (dedos)
Es decir que no debemos entremeternos en problemas de familiares.

No hay que replicar como al "salíos de mi casa y qué quereis con mi mujer"
Porque hay solicitudes que no admiten réplica.

Espantose la muerta de la degollada
Los defectos ajenos son muy fáciles de criticar.

El que ve la mota en el ojo ajeno, vea la viga en el suyo
Recomienda no criticar sin antes analizarnos.

Más sabe el loco en su casa que el cuerdo en la ajena
Es un refrán en contra de los entrometidos.

Como el lector comprobará, no fueron cuatro sino seis los refranes que Sancho se sacó de la manga para enfadar aún más a su amo.

Dar barato
Engañar. La ínsula de Barataria no era más que un pueblecillo de mil habitantes. Una vez explicado el dicho, se entiende muy bien por qué le dieron ese nombre al reino de Sancho.

Más vale vergüenza en cara que mancilla en el corazón
Más vale demostrar nuestros sentimientos, aunque sean muy atrevidos.

Mientras Sancho se dirige a su reino, don Quijote se entrevista con la duquesa para solicitarle que le dejen solo en su cuarto. Después de mucho insistir, consigue que accedan a su petición. Ya en su aposento abre las ventanas y descubre que Altisidora, una joven sirvienta, pretende cantarle unos versos. Sus amigas intentan disuadirla ya que puede pasar por "antojadiza y liviana", pero la joven menciona el refrán y prepara su canto.

Echarle el gato a las barbas
Poner dificultades a otras personas.

Una vez que Sancho toma el poder de la ínsula, ejerce justicia como mejor le parece. Ante él acuden algunos habitantes del lugar que tienen problemas legales. El nuevo monarca, sin muchos conocimientos, pero con sentido común, resuelve los conflictos de una manera ejemplar. El último caso que enfrenta es el de una mujer, prostituta de oficio, que se dice violada por un ganadero. Éste, ignorando su profesión, no quiso pagar el servicio. La anónima finge ser casta y consigue el favor de Sancho. Eufórica por haber engañado al nuevo gobernador de la ínsula, huye sospechosamente, por lo que el soberano pide al ganadero que recupere sus monedas. He aquí que la mujer defiende el dinero como si fuese su propia vida. Sancho ordena que no se rebele a su mandato, pero:

"—¿Cómo quitar? —respondió la mujer—. Antes me dejara yo quitar la vida que me quiten la bolsa. ¡Bonita es la niña! **¡Otros gatos me han de echar a las barbas**..."

El final de este capítulo es tan célebre como ingenioso. Cuando Sancho comprueba que la prostituta no es nada dócil decide dar su fallo en favor del hombre, pues ¿quién sería capaz de violar a una mujer tan indomable?

Las paredes tienen oídos, y los montes ojos
Porque donde menos se piensa hay alguien que nos escucha.

Mientras Sancho se entretiene en su gobierno, don Quijote pasa encerrado los días en su habitación. Cierta noche se acerca una mujer a su puerta. Don Quijote, al principio, cree que es Altisidora, después la confunde con una bruja o maga, pero resulta ser doña Rodríguez. Ha llegado para contarle que su hija fue deshonrada por un labrador y que él es el indicado para resarcir el daño. Doña Rodríguez tiene la imprudencia de contarle algunos detalles acerca de Altisidora y de la duquesa, punto en el cual se detiene para advertir que alguien puede escucharlos.

Cuando Dios amanece, para todos amanece
Es decir que cuando hay fortuna, la gente que nos rodea consigue beneficios. Lo utiliza Sancho para compartir sus manjares con la corte.

Las burlas se vuelven en veras (ciertas) **y los burladores, burlados**

Dice uno de los mayordomos a Sancho, después de escuchar que el nuevo gobernador pretende hacer una limpia de maleantes en el reino. El sirviente, como el refrán, se vio engañado por sus prejuicios pues consideraba a Sancho demasiado ignorante.

La mujer y la gallina se pierden más aína
Sancho sale durante la noche para dar una vuelta por la ínsula; de pronto, se encuentra con una muchacha disfrazada de hombre que ha sido capturada por los guardias. Se trata de la hija de un rico comerciante que no la deja ver ni la luz del día. Así que solicita ayuda de su hermano, quien acepta. Sin embargo, por parecer sospechosos, son detenidos. Sancho utiliza el refrán para aconsejarle a la joven que debe someterse a la voluntad de su padre y no salir más, aun de noche.

Quien te da un hueso no te querría ver muerto
Las personas que nos aprecian difícilmente actuarán en nuestra contra.

Este refrán aparece en una misiva que la duquesa dirige a Teresa Panza. Le explica que su obsequio (una sarta de corales con extremos de oro) es bien intencionado, y que se debe a las excelentes obras de Sancho como gobernador de Barataria.

Ándeme yo caliente y ríase la gente
O: "No me importa el qué dirán". Aparece en boca de

Sanchica cuando escucha la carta y se sueña a bordo de un fino carruaje. En su fantasía la muchacha se ve como una gran dama que sale del pueblo en medio de cuchicheos y chismes que poco le importarán.

Vióse el perro en bragas de cerro, y no conoció a sus compañeros

Continúa Sanchica admitiendo, a través del refrán, que le atacará el delirio de grandeza cuando se vea rodeada de títulos y fortuna.

Dubitat Augustinus

(San Agustín lo duda)

Sansón Carrasco y el cura contemplan los disparates de Sanchica y Teresa al tiempo que se entrevistan con el paje que ha llevado la carta. Sansón lanza la frase en su contra, pues duda que sea cierto todo lo que dice la carta.

Operibus credie, et non verbis

(Creed en las obras y no en las palabras [Juan, X, 38])

Contesta el paje e invita al cura y a Sansón a que comprueben la autenticidad de su misión.

Un palo compuesto, no parece palo

A través de una carta y del refrán, don Quijote recomienda a Sancho vestirse acorde con el título que ostenta.

La ingratitud es hija de la soberbia
Continúa con sus consejos don Quijote. Le solicita a Sancho que nunca olvide a sus amigos.

Amicus Plato , sed magis amica veritas
(Amigo Platón, pero más amiga la verdad)
En realidad se trata del proverbio griego "Amigo Sócrates, amigo Platón, pero más amiga la razón" y que el pueblo español acuñó como "Amigo Pedro, amigo Juan, pero más amiga la verdad". Con esta frase don Quijote despide su carta.

Promesas de enamorados son ligeras de prometer y muy pesadas de cumplir
Un poco cansado de vivir en el encierro, don Quijote está a punto de pedir licencia a los duques para que le permitan marchar hacia Zaragoza. En ese instante aparece doña Rodríguez con su hija y le solicita que cumpla su promesa. El caballero andante tranquiliza a la mujer, mientras pronuncia esta frase en contra del infame labrador.

Al buen día métele en casa
Sugiere aprovechar las oportunidades de la vida.

A Roma por todo
Antiguamente se aplicaba a los ladrones que, sabién-

dose perseguidos, hacían la mayor cantidad de ilícitos para aprovechar su libertad mientras les durara. Después se aplicó a las personas que abusaban de sus prójimos.

Una vez establecido que don Quijote se batirá en duelo con el labrador, los duques atienden la respuesta de Teresa Panza. Nótense las variantes:

"Yo, señora de mi alma, estoy determinada, con licencia de vuesa merced, de **meter este buen día en mi casa**, yéndome a la corte a tenderme en un coche, para quebrar los ojos a mil envidiosos que ya tengo; y así, suplico a vuesa excelencia mande a mi marido me envíe algún dinerillo, y que sea algo qué, porque en la corte son los gastos grandes: que el pan vale a real, y la carne, la libra, a treinta maravedís, que es un juicio; y si quisiere que no vaya, que me lo avise con tiempo, porque me están bullendo los pies por ponerme en camino; que me dicen mis amigas y mis vecinas que, si yo y mi hija andamos orondas y pomposas en la corte, vendrá a ser conocido mi marido por mí más que yo por él, siendo forzoso que pregunten muchos:

—¿Quién son estas señoras deste coche?" Y un criado mío responder: '—La mujer y la hija de Sancho Panza, gobernador de la ínsula Barataria'; y desta manera será conocido Sancho, y yo seré estimada, y **a Roma por todo**."

Así mata la alegría súbita como el dolor grande

Recomienda templanza en nuestras actitudes.

Junto con el mensaje dirigido a la duquesa viene

otro dedicado a Sancho. A través de la carta, Teresa explica que, al enterarse de su éxito como gobernador, su alegría fue tan grande que temió la muerte.

Nadie extienda la pierna más hasta donde la sábana llega

Como otros que hemos incluido, éste recomienda aceptar nuestra condición. Lo utiliza Sancho, después que es molido a golpes, durante un supuesto ataque a Barataria. Cansado de liar con un médico que lo mata de hambre y de no tener una buena calidad de vida, Sancho decide renunciar a su puesto. En un principio sus mayordomos se oponen, pero al verlo tan empecinado no pueden hacer otra cosa que aceptar la renuncia. Sancho es despedido entre los llantos de sus súbditos, quienes lo recordaron como el mejor gobernante que hubiese tenido Barataria.

Adonde fueres haz lo que vieres

Saliendo de Barataria, Sancho conoce a unos limosneros. Entre ellos se encuentra su vecino, el tendero Ricote. El exgobernador después de un buen tiempo lo reconoce, y entonces es invitado por el tendero para que comparta los alimentos junto con sus amigos. Caviar, nueces, jamón, entre otros, son los principales manjares que Sancho disfruta. De pronto, los supuestos mendigos extraen sendas botas de vino las cuales se empinan al mismo tiempo. El refrán es utilizado por el narrador para indicarnos que Sancho hizo lo mismo que sus compañeros. En el original aparece con una pequeña variante:

"Todo lo miraba Sancho, y de ninguna cosa se dolía; antes, por cumplir con el refrán, que él muy bien sabía, de '**cuando a Roma fueres, haz como vieres**', pidió a Ricote la bota, y tomó su puntería como los demás, y no con menos gusto que ellos."

No hemos conocido el bien hasta que lo hemos perdido

Resulta que Ricote es un moro expulsado de España que buscó refugio en varios países hasta encontrarlo en Alemania. Aclara, con el refrán, la añoranza que todos los de su condición tenían de su patria.

Lo bien ganado se pierde; y lo malo, ello y su dueño

Ricote desea volver a su tienda para recuperar el dinero que enterró, antes de ser expulsado, así que pide a Sancho ayuda a cambio de una generosa recompensa. El escudero lo rechaza con el refrán en cuestión.

A mesa puesta y a cama hecha

Sancho abandona a Ricote y continúa su camino. Entonces su asno cae en una pequeña zanja que es, en realidad, la entrada a una cueva. Sancho va en ayuda de su burro pero queda en las mismas condiciones. El escudero lamenta no haber tenido la misma suerte que su amo cuando entró en la cueva de Montesinos. La expresión que recogemos se refiere a la facilidad que tuvo don Quijote para librar su empresa.

Bien vengas mal si vienes solo
Es lo que pide Sancho cuando comprueba que la zanja es una caverna muy profunda. El refrán lo utilizan las personas en desgracia para que no caiga otro mal sobre ellos.

El hombre pone y Dios dispone
Importa poco lo que deseamos pues al final se impone la decisión divina.

Dios sabe lo mejor
Aconseja obedecer los designios de Dios.

Cual el tiempo, tal el tiempo
Recomienda ajustarnos a las condiciones.

De esta agua no beberé
Sugiere que somos propensos a caer en lo que no deseábamos.

Don Quijote, por esas grandes casualidades de la vida, escucha los gritos de su compañero y con la ayuda de algunos criados del duque, lo rescata. Una vez liberto, Sancho cuenta su aventura, salpicada por los refranes en cuestión.

Lo que has de dar al mur (ratón), **dalo al gato y sacarte ha de cuidado**

O sea que debe aceptarse siempre lo mejor.

Llega el día en que don Quijote tiene que batirse con el labrador que deshonró a la hija de doña Rodríguez. El joven parece estar dispuesto a todo, pero cuando mira de reojo a la muchacha, se arrepiente de haberla abandonado y jura casarse con ella. Dicho esto, no hay necesidad de tomar las armas; decisión que celebra Sancho con el refrán.

Para dar y tener, seso es menester

Recomienda ser muy prudentes.

Una vez que abandonan la residencia de los duques, don Quijote y Sancho prosiguen su camino. En cierto punto, se encuentra con algunos hombres que ocultan bajo una manta objetos sospechosos. Don Quijote está interesado en descubrir el secreto y se acerca a los extraños, quienes descubren algunas imágenes religiosas, como la de San Jorge y la de San Martín. Al respecto de este último dice don Quijote que no le entregó toda su capa, sino un trozo al mendigo, pues era invierno. Pero Sancho, a través del refrán, sugiere que el santo no era tan caritativo como dicen las crónicas.

El cielo padece fuerza

Según el evangelio de San Mateo (XI,12) lo divino es susceptible a los conflictos bélicos.

Don Quijote relaciona su oficio con el de los santos. El caballero combate en los males de la tierra, y por su parte, los santos "han conquistado el cielo a base de brazos."

Dios lo oiga y el pecado sea sordo

Don Quijote continúa su discurso y acepta haber fracasado contra los encantadores de Dulcinea. Advierte que si la libera quizá termine su labor como caballero. Por lo cual Sancho dice la frase que citamos.

De los desagradecidos está lleno el infierno

Siguen su marcha don Quijote y el escudero. De pronto ingresan en un pequeño bosque donde hay una fina red tendida entre los árboles. El caballero andante imagina que se trata de una trampa de sus enemigos, pero en breve acuden dos jovencitas muy hermosas para explicarle que las redes fueron dispuestas para atrapar a los pajarillos, al tiempo que lo invitan a comer. Don Quijote acepta y muestra su agradecimiento con la sentencia.

A enemigo que huye, puente de plata

Recomienda facilitar la huida al enemigo.

Después de la comida el caballero se levanta para retar, como es su costumbre, a quien ose decir que Dulcinea no es la más hermosa del mundo. Para su mala suerte se encuentra en el camino de algunos boyeros que le advierten quitarse de allí. Don Quijote hace caso omiso y, junto con Rocinante y Sancho, es aplastado por una manada de toros. El protagonista, creyendo que un enemigo feroz le ha pasado por encima, lo reta de la siguiente forma:

"—¡Deteneos y esperad, canalla malandrina, que un solo caballero os espera, el cual no tiene condición ni es de parecer de los que dicen que **al enemigo que huye, hacerle puente de plata**!"

Muera Marta y muera harta

Deprimido, don Quijote, al saber que no fue un gigante sino una manada de toros la que lo vapuleó, decide morir de hambre. Sancho Panza, por supuesto, no está de acuerdo con su amo por lo que utiliza este refrán para indicar que es mejor morir con la barriga llena.

Hasta el morir todo es vivir

Por extraño que parezca, don Quijote obedece a su escudero. Mientras come, recuerda la penitencia que debe cumplir Sancho (los tres mil trescientos azotes) para que sea desencantada Dulcinea. El escudero responde con mil evasivas y con este refrán para aclarar que, mientras tenga vida, podrá cumplir el castigo.

Muchas veces suele caerse la paciencia cuando la cargan de injurias

Escudero y amo llegan a una venta del lugar. Mientras

Sancho cena, don Quijote se retira a su habitación. A través de las paredes escucha la plática de dos personajes que intercambian opiniones acerca de la segunda parte apócrifa del Quijote. En ella, según los desconocidos, se enfatiza la vulgaridad de Sancho y se deja en claro que el caballero andante ha olvidado a Dulcinea. Don Quijote grita que todo es una farsa, lo que llama la atención de los interpelados, quienes acuden al cuarto. Después de reconocerle, como el auténtico Caballero de la Triste Figura, le ofrecen el tomo que leían. Luego de una larga conversación, don Quijote aclara que cualquiera lo puede utilizar como personaje, pero que no consiente, de ninguna forma, que se le difame; de lo contrario, como dice el refrán, su paciencia tendrá fin.

Ni quito rey ni pongo rey, mas ayudo a mi señor
Los protagonistas se dirigen a Barcelona. Empecinado en que Sancho debe recibir sus azotes, don Quijote lo asalta en medio del campo donde duermen. Pero Sancho se da cuenta de las intenciones de su amo y se rebela contra él como nunca. Lo derriba y le pone una rodilla en el pecho al tiempo que menciona este refrán atribuido a Bertrand Duguesclin cuando intervino en la lucha entre Pedro I y Enrique de Trastámara.

Un abismo llama a otro y un pecado a otro pecado
Sancho se distrae un momento entre los árboles y encuentra los cadáveres de unos bandoleros colgados.

En breve, junto con don Quijote, es rodeado por los secuaces de Roque Guinart, famoso delincuente de la época. Para su fortuna, Guinart se muestra bondadoso y cuenta que originalmente era una persona noble; pero debido a los agravios, que van de uno a otro como señala el refrán, ha caído en la delincuencia.

Cortesías engendran cortesías

Don Quijote agradece con este refrán la manera tan calurosa como es recibido, por algunos camaradas de Roque Guinart, en el puerto de Barcelona.

Lo que con el ojo veo, con el dedo lo señalo

Porque es fácil advertir lo evidente.

Don Quijote y Sancho se hospedan en Barcelona con don Antonio, sujeto que afirma poseer una cabeza encantada cuya virtud es revelar el destino. Por supuesto, se trata de un truco, pues dentro de ella está un cómplice. En una reunión cierto personaje indaga:

"—Dime, cabeza, ¿qué deseos tiene mi hijo el mayorazgo?"

La mágica cabeza (que en realidad es un truco) responde:

"—Ya yo he dicho —le respondieron— que yo no juzgo de deseos, pero, con todo eso, te sé decir que los que tu hijo tiene son de enterrarte.

—Eso es —dijo el caballero—: **lo que veo por los ojos, con el dedo lo señalo**."

A cada puerco le llega su San Martín

Antiguamente se mataba un cerdo en la fiesta de San Martín (11 de noviembre). El refrán indica que, por muy poderosos o influyentes que seamos, la muerte nos espera. Lo utiliza don Quijote cuando ingresa a una imprenta del lugar. El caballero revisa los tomos que se están preparando y para su sorpresa se encuentra con el *Quijote* de Avellaneda. Cervantes quiere menospreciar este libro, por lo cual pone en boca de su personaje el siguiente comentario:

"—Ya yo tengo noticia deste libro —dijo don Quijote—, y en verdad y en mi conciencia que pensé que ya estaba quemado y hecho polvos, por impertinente; pero **su San Martín se le llegará como a cada puerco**, que las historias fingidas tanto tienen de buenas y de deleitables cuanto se llegan a la verdad o la semejanza della, y las verdaderas tanto son mejores cuanto son más verdaderas."

No es valentía la temeridad

Don Quijote y su escudero son invitados a embarcarse en una galera. El barco protagoniza un altercado con una nave argelina cuyos tripulantes asesinan a dos marinos españoles. Al final, los argelinos son capturados y el capitán descubre que el responsable de la embarcación es un joven muy hermoso. Al entrevistarse con él, le pregunta por qué sus hombres han disparado, amonestándole con el refrán en cuestión.

Para todo hay remedio, menos para la muerte

El capitán decide ejecutar al bello joven, pero ante la intercesión del virrey, quien se encontraba por casualidad en la playa, se le perdona la vida. Al mismo tiempo descubren que no es un mozo, sino una mujer cuya historia es la siguiente: al igual que sus padres, fue expulsada de España. En su exilio le ha acompañado un hombre enamorado de ella. En cuanto llega a Argel, el rey la solicita por su belleza. El soberano le pregunta por el hombre, y ella, conociendo la belleza de su enamorado (ya que los turcos, según Cervantes, tenían costumbres homosexuales) le miente diciendo que, en realidad, es una mujer disfrazada. De inmediato los argelinos lo encierran en una "casa de unas principales moras". Ella, por su parte, es regresada a España a bordo de la pequeña embarcación, protagonista del altercado. En el colmo de la casualidad, Ricote, vecino de Sancho, escucha la historia, y reconoce a la bella joven que es su hija, Ana Félix. Sin perder tiempo, Ricote propone liberar al amante de Ana y simultáneamente el virrey ofrece su ayuda. Don Quijote advierte que una empresa tan peligrosa sólo puede cumplirla un caballero andante. Sancho opina que es muy mala idea, pues hay un pequeño obstáculo: el mar. El caballero contesta con el refrán para asegurar que librará ese obstáculo si le ofrecen una embarcación.

Donde las dan las toman

Es decir que pagaremos nuestros agravios con la misma moneda.

Hoy por ti y mañana por mí

Mientras don Quijote toma aliento para su siguiente aventura es interceptado por el Caballero de la Blanca Luna (Sansón Carrasco quien ha llegado a tierras catalanas). Como sucedió en capítulos anteriores, el bachiller lo reta a un duelo en el cual el perdedor deberá retirarse por un año de sus actividades. Don Quijote acepta, pero en esta ocasión es vencido. Golpeado en su orgullo, se lamenta sin fin. Sancho interviene para consolarlo con estos refranes.

Cada uno es artífice de su ventura

Dice don Quijote cuando toma el camino hacia su tierra y se topa con el lugar donde fue vencido. Resignado, pronuncia la frase que sugiere que nuestras decisiones son responsabilidad de nosotros y de nadie más.

A buen servicio, mal galardón

Pagar mal a quien nos ha beneficiado.

Debido a que realizarán un largo viaje hasta la Mancha, Sancho recomienda dejar las armas e incluso a Rocinante; pero don Quijote contesta que nunca le dará mal pago a quien le sirvió en sus aventuras.

La culpa del asno, echarla a la albarda

Albarda (silla de montar). Es decir que no debemos responsabilizar a terceros de nuestros actos. Lo utiliza Sancho en un comentario muy alejado del contexto.

No estar para dar migas a un gato
Estar indispuesto.

Después de cuatro días, don Quijote y su compañero se encuentran cerca de una venta donde hay algunos labradores discutiendo. Los desconocidos están en busca de un veredicto imparcial al siguiente problema: dos hombres se han retado a una carrera; uno de ellos es mucho más pesado que el otro, por lo que le sugiere a su contrincante cargarse con seis arrobas de hierro. Don Quijote, debido a su estado, ordena al escudero que participe como juez de este curioso asunto, que Sancho resuelve de la siguiente forma: si el gordo solicita que su contrincante se iguale en peso: por qué no mejor adelgaza. Así será una carrera justa ya que el flaco no está acostumbrado a cargar ese peso.

Ojos que no ven corazón que no quiebra
Cuando se sufre por lo que no se tiene cerca.

Más vale salto de mata que ruego de hombres buenos
Es preferible huir que confiar en otros.

Estos refranes son mencionados por Sancho mientras conversa con su amo quien está decidido a volverse un simple pastor mientras dura su retiro.

Castígame mi madre, y yo trompógelas
Como: "Te lo digo una y otra vez y no me haces caso." Reprende don Quijote a Sancho, pues ya le ha advertido que no use los refranes sin ton ni son.

Dijo la sartén a la caldera: quítate allá ojinegra
En México lo conocemos de la siguiente forma: "El comal le dijo a la olla: mira qué tiznada estás". Se utiliza como burla hacia la persona que se admira de los defectos ajenos sin fijarse en los suyos.

Sancho contesta de esta forma a su amo, quien utiliza refranes en su respuesta.

No se ganó Zamora en una hora ni Sevilla en un día
Se le dice a las personas impacientes.

El asno sufre la carga, mas no la sobrecarga
Porque para todo hay un límite.

Don Quijote, por fin, convence a su escudero que debe darse los azotes necesarios para desencantar a Dulcinea, claro, mediante el pago generoso por cada uno. Sancho no espera más para cumplir su sentencia y recibir compensación, así que comienza a azotarse apoyado en un árbol. En breve, don Quijote se conduele de su ambicioso escudero (que aprovechando la distracción de su amo golpea el tronco del árbol) por lo cual decide parar el tormento con estos dos refranes.

A dineros pagados, brazos quebrados
Porque obteniendo un beneficio, se olvida lo prometido.

Contradice el refrán Sancho, quien desea continuar con el suplicio a cambio de dinero.

¡Aquí morirá Sansón y todos cuantos con él son!
Lo decía quien estaba dispuesto a todo. Conocido pasaje bíblico (*Jueces*, XVI, 30). Aparece en boca de Sancho quien se obstina en continuar su castigo.

Donde hay estacas no hay tocinos
O "Las apariencias engañan".

Cuando regresan al lugar de la Mancha, don Quijote y Sancho son recibidos por sus parientes. Teresa Panza, por supuesto, no pasa por alto el mal aspecto de su esposo. Éste se defiende con el refrán en cuestión.

Está ya duro el alcacel (hierba que sirve como silbato) **para zampoñas** (especie de flauta)
Como: "Ya no estás para esos trotes".

Dice la sobrina a don Quijote cuando se entera de la nueva vida que quiere llevar como pastor.

Ya en los nidos de antaño no hay pájaros de hogaño
Es por demás simbólico que cerremos con este refrán, reflejo de la decadencia. Entristecido por su derrota, por su retiro en el campo y el paso de los años, don Quijote cae en cama. En sus últimos momentos, recobra la cordura y después de escuchar a sus amigos, los convence de que sus fuerzas ya no son las mismas. Alonso Quijano tuvo una larga y apacible agonía, jamás vista en la historia de los caballeros andantes.

APÉNDICE

A continuación se recogen aquellos refranes que aparecen en otros apartados del libro.

Cada cosa engendra su semejante
Cervantes, en el prólogo a la primera parte, sugiere, con el refrán, que sus vicios y defectos se verán inevitablemente reflejados en el *Quijote*.

Debajo de mi manto, al rey mato
Cervantes no desea que el lector pase por altos los errores de su obra; al contrario, pide que cada uno la juzgue a su parecer. En este punto interviene con el refrán, pues en la intimidad todas las personas pensamos lo que queremos.

Non bene pro toto libertas venditur aura
(La libertad no se vende bien por todo el oro del mundo).

Cervantes se hallaba preocupado porque su libro

carecía de comentarios al margen, frases célebres y demás. Pero un amigo cercano (un *alter ego*) notó su preocupación y le sugirió que, para deslumbrar al lector (como lo hacían Lope de Vega y otras vacas sagradas de la época), incluyera citas de autores grecolatinos. Cervantes hace caso a su "amigo" e incluye este proverbio (atribuido a Horacio) que en realidad pertenece a *Las fábulas esópicas* de Walter Angelicus.

Pallida mors aequo pulsat pede pauperum tabernas, regumque turres
(La muerte amarilla va igualmente a la choza del pobre desvalido y al alcázar del rey potente)

El personaje continúa con sus recomendaciones. En este caso acierta, pues la cita pertenece a la oda IV de Horacio.

De corde exeunt cogitationes malae
(Del corazón salen los malos pensamientos)

Como lo indica el compañero de Cervantes, pertenece al evangelio de San Mateo (XV, 19).

Donec eris felix, multos numerabis amicos. Tempora si fuerint nubila, solus eris
(En el tiempo de la felicidad contarás con muchos amigos y en el de la adversidad te quedarás solo.)

De nuevo el amigo de Cervantes cae en un error, pues atribuye el proverbio a Caton, cuando en realidad pertenece al poeta romano Ovidio (Tristia I, 9).

Ir con lectura
Ir con cuidado.

Poner bien los dedos
Saber lo que se hace.

No cocérsele el pan
No tener paciencia.

Comerse las manos
Morirse de ganas.

A osado favorece la fortuna
Audentes Fortuna iuvat (*Eneida* X, 284).
Sin valor, es difícil consumar una empresa.

A fuerza de brazos
Con el esfuerzo propio.

No me despuntes de agudo
No te pases de listo.

No meterse en dibujos
No complicarse la vida.

En lo que no va ni viene, pasar de largo es cordura
Recomienda no entrometernos en asuntos ajenos.

Dar en caperuza
Llevarse un chasco.

El que imprime necedades dalas a censo perpetuo
Quien publica tonterías las deja fijadas para siempre.

Es desatino, siendo de vidrio el tejado, tomar piedras en las manos para tirar al vecino
Recomienda no criticar a los demás cuando se padecen los mismos vicios.

A tontas y a locas
Realizar una tarea sin orden ni sentido.

En el poema que Urganda la Desconocida (personaje del *Amadís de Gaula*) dedica a don Quijote, se utilizan versos llamados de cabo roto, al parecer, inventados por Alonso Álvares de Soria. La intención de estos versos es que el lector complete la última sílaba:

Si de llegarte a los bue— (nos)
Libro, **fueres con lectu – (ra)**
No te dirá el boquirru— (bio)
Que no pones bien los de— (dos)
Mas **si el pan no se te cuece (ce)**

Por ir a manos de idio— (tas)
Veras de manos a bo— (ca)
Aun no dar una en el cla— (vo)
Si bien **comen las ma— (nos)**
Por mostrar que son curio— (sos)
Y pues la experiencia ense— (ña)
Que el que a buen árbol se arrima— (ma)
Buena sombra le cobi— (ja)
En Béjar tu buena estre— (lla)
Un árbol real te ofre— (ce)
Que da príncipes por fru— (to)
En el cual floreció un du— (que)
Que es nuevo Alejandro Mag— (no)
Llega a su sombra, que **a osa— (dos)**
Favorece la fortu— (na)
De un noble hidalgo manche— (go)
Contarás las aventu— (ras)
A quien ociosas lectu— (ras)
Trastornaron la cabe— (za)
Damas, armas, caballe— (ros)
Le provocaron de mo— (do)
Que cual Orlando furio— (so)
Templado a lo enamora— (do)
Alcanzó **a fuerza de bra— (zos)**
A Dulcinea del Tobo— (so)
No indiscretos hieroglí— (ficos)
Estampes en el Escu— (do)
Que cuando es todo figu— (ra)
Con ruines puntos se enví— (da)
Si en la dirección te humi— (llas)
No dirá mofante algu— (no)

"¡Qué don Álvaro de Lu— (na)
que Aníbal el de Carta— (go)
qué rey Francisco de Espa— (ña)
se queja de la fortu— (na)
Pues al cielo no le plu (go)
Que saliese con ladi— (no)
Como el negro Juan Lati— (no)
Hablar latines rehú— (sa)
No me despuntes de agu— (do)
Ni me alegues con filóso— (fo)
Porque, torciendo la bo— (ca)
Dirá el que entiende la le— (va)
No un palmo de las ore— (jas)
"¿Para qué conmigo flo— (res)?"
No te metas en dibu— (jos)
Ni en saber vidas aje— (nas)
Que en lo que no va ni vie— (ne)
Pasar de largo es cordu— (ra)
Que suelen en caperu— (za)
Darles a los que grace— (jan)
Mas tú quémate las ce— (jas)
Sólo en cobrar buena fa— (ma)
Que el que imprime neceda— (des)
Dalas a censo perpe— (tuo)
Advierte que es desati— (ino)
Siendo de vidrio el teja— (do)
Tomar piedras en la ma— (nos)
Para tirar al veci— (no)
Deja que el hombre de jui— (cio)
En las obras que compo— (ne)
Se vaya con pies de plo— (mo)

Que el que saca a la luz pape— (les)
Para entretener donce— (llas)
Escribe a tontas y a lo— (cas)

Asno se es de la cuna a la mortaja
Porque nadie puede cambiar su naturaleza.

El último poema de la primera parte es un diálogo ficticio entre Babieca (caballo del Cid) y el famélico Rocinante. He aquí el soneto íntegro:

B ¿Cómo estáis, Rocinante, tan delgado?
R Porque nunca se come, y se trabaja.
B Pues, ¿qué es de la cebada y de la paja?
R No me deja mi amo ni un bocado.

B Anda, señor, que estáis muy mal criado,
Pues vuestra lengua de asno al amo ultraja.
R **asno se es de la cuna a la mortaja**.
¿Queríeslo ver? Miraldo enamorado.

B ¿Es necedad amar?
R No es gran prudencia.
B Metafísico estáis.
R Es que no como.
B Quejaos del escudero.
R No es bastante.
¿Cómo me he de quejar en mi dolencia,
si el amo y escudero o mayordomo
son tan rocines como Rocinante?

Interpone tuis interdum guadia curis
(Mezcla placeres entre tus preocupaciones)

Cita el maestro Josef de Valdivieso a Catón en la Aprobación a la segunda parte del *Quijote.* Lo hace para celebrar el estilo de Cervantes quien, como lo recomienda el proverbio, combina lo dulce y lo amargo, lo moral y lo chusco.

BIBLIOGRAFÍA

Cervantes Saavedra, Miguel de, *El ingenioso hidalgo don Quijote de la Mancha*. España, Alianza Editorial, 1996.

———, *Don Quijote de la Mancha*. Edición y notas de Francisco Rico. España, Real Academia Española, 2004.

———, *El ingenioso hidalgo don Quijote de la Mancha*. Edición y notas de Francisco Rodríguez Marín. Madrid, Espasa Calpe, 1950.

———, *El ingenioso hidalgo don Quijote de la Mancha*. Edición crítica y comentarios de Vicente Gaos. España, Gredos, 1987.

Luján, Néstor, *Cuento de cuentos*. España, Ediciones Folio, 1944.

Pérez Martínez, Herón, *Los refranes del hablar mexicano en el siglo XX*. México, CONACULTA, 2002.

Sevilla, Julia, *Pocas palabras bastan*. España, Centro de cultura tradicional, 2002.

Refranero del Quijote, de José Alejandro Torres, fue impreso en diciembre de 2005, en Q Graphics, Oriente 249-C, núm. 126, C.P. 08500, México, D.F.